望む未来を創り出せ

Monitor Deloitte
ジェフ・タフ＋スティーブン・ゴールドバッシュ＝著
モニター デロイト
藤井 剛＋増井 慶太＋井上 発人＝訳

Provoke

FIRST
ファーストプレス

Provoke
by
Geoff Tuff, Steven Goldbach
and illustrations by Tom Fishburne

日本語版の発刊にあたって

人は過ちを繰り返す。なぜ我々は変わることができないのか。

本書『望む未来を創り出せ（原題：Provoke）』は、『ベストプラクティスを吹き飛ばせ（原題：Detonate）』の続編である。

孤高の経営者にDetonateを紹介したところ「社内で言い続けてきた（が蓋《けだ》し伝わらなかった）ことをまさにDetonateは表現している」とのコメントをいただいた。前作Detonateと本作Provokeは独立して読むことができるが、前作もぜひご覧いただきたい。

本作は、ジェットコースターに対する態度の考察から始まる。「もし」かしたら落ちるのかもしれない。しかし、「いつ」急降下するのだろう。子どもたちは大人たちを挑発（Provoke）し続けて、ジェットコースターの頂点に誘う。しかし、年を経ると、子どものころに味わったジェットコースターの興奮が失われてくるようだ。「もし（If）」という可能性の世界から「いつ（When）」という必然性の世界への変化に関する感性が鈍くなるのかもしれない。

「ベストプラクティスを吹き飛ばした」後に必要なのは、世の中を動かし、望ましい未来への変化を惹き起こすための行動だ。本作Provokeには、そうした行動に移るために必要な非体系化の秘訣が、体系的な処方箋として、著者たちの豊富な事例と考察を基にまとめられている。

「ムーアの法則」よろしくテクノロジーは指数関数的に進化し、さらには社会構造自体も急速に変化している。加速する世界の傍ら、我々1人ひとりは世の中の仮借なき変化に対応することが困難になっている。成功や失敗の歴史によって培われたさまざまなバイアスが我々を過去の習慣に誘ってしまう。インテルの設立者であるムーアは、自身で育成した既存事業から撤退し、そして成功した（この逸話も本書では触れられている）。我々は、望む未来に向けた思い切った一歩を踏み出すことができるだろうか。

本書は、産官学民、あらゆる組織におけるすべてのリーダーを対象として書かれている。そして、我々1人ひとりがリーダーとなりうるという前提に依拠している。激動する世の中や組織に対する不平不満は尽きない（そして、それを言えることは健全な社会の証左でもある）。一方で、そうした違和感をわが事として捉えたうえで、望ましい未来を創り出すための想像を働かせて、行動に移すことの重要性を本書は示している。

巷には未来トレンドと評された書籍（そして付随する分析資料や将来予測）が溢れか

えっている。しかし、己の意思が書き込まれていない未来予測に意味はない。世界は自由意志のもとで能動的に変えることができる。本書は、ダッチシェル社の逸話で有名な、未来家ピーター・シュワルツ氏（旧モニター グループ傘下 Global Business Network 社会長、現 Salesforce.com 社上級副社長〈戦略計画担当〉）のシナリオプランニングの重要性にも触れる。

最後に、原著の筆者であるジェフとスティーブ自体が強烈な Provocateur であることを付記したい。イノベーションデザイン企業 Doblin（ドブリン）、戦略コンサルティングのネットワーク型企業モニター グループ、世界最大規模のプロフェッショナルファームであるデロイト ネットワークとの創造的掛け合わせに貢献をした中心人物の1人だ。

そしてこれは彼らの複数の逸話の一例に過ぎない。彼らの Provoke は、（ひょっとしたら当の本人たちですら気づかないところで）国家地域をまたいださまざまなエコシステムに伝播をしている。たとえば、訳者たち自体がプロフェッショナルサービス自体の変革に向けた想像と創造に努めている。

最後に、Provoke は「挑発」と訳されることが多い。あえて、今後読み進めていただく読者のために語意のニュアンスを本文中から拝借して加筆すれば、「子どもが、お仕置きを受けることなくどこまで欲しいものが得られるか、を試すために周囲に対して行う一連の行為」と捉えておくのもよいだろう。いずれにしろ、本書においてProvokeはより拡がりを持った言葉として用いられている。訳者たちは喧々諤々の"Provocative"な議論の末、Provokeという言葉をそのまま残すようにした。

2022年12月

監訳者：モニター デロイト　藤井剛、増井慶太、井上発人

リモート作業環境下に「適応（Adapt）」した各人の家にて

モニター デロイトとは

モニター デロイト（Monitor Deloitte）は、世界最大のプロフェッショナルファームとしての豊富な企業変革実績と世界有数の企業、NGO、政府機関等との幅広いネットワークを有するデロイト トゥシュ トーマツ リミテッド（本編ではデロイトと表記）と、マイケルE. ポーター教授に代表されるハーバードビジネススクールの教授陣によって設立されたモニター グループとの間での効果的なシナジーを実現し、先進性・専門性・独自性の高い戦略コンサルティングを世界で提供しているファームである。

本書は、デロイトの戦略コンサルティング部門であるモニター デロイトが、グローバルに有する、幅広い知見・ネットワークおよび先進事例をもとに産まれたものである。

はじめに

子どもはジェットコースターが大好きだ。誰でも、どんなものでもとまでは言えないが、概して子どもはジェットコースターが好きなものである。

数分のスリルを味わうために長い列に並ぶことも厭わず、ありえない忍耐力を発揮する。車両がカタツムリのようにゆっくりとギシギシカタカタと音を立ててコースを登る中、子どもたちは嬉々として笑顔を浮かべ、坂の頂点の向こう側で位置エネルギーが運動エネルギーに変換されたときにやってくる身の毛もよだつような急降下を楽しみにしている。そればかりか、次々と絶叫ポイントを通過する間もスリルを味わうために両手を上げ、落下防止用ハーネスの安全設計試験に身を挺す子どもすらたくさんいる。彼らはこの先何が起こるかはっきりわからなくても怖くない。むしろ興奮する。

大人になるとジェットコースターとの関わり方は変わると言って良いだろう。子どものころと変わらずジェットコースターが好きな人もいるが、私たちの経験則（非科学的ではあるが）からすると年齢を重ねるにつれその割合は減ってくる。ジェットコースターを楽しめない人にとっては、スリルなどなくなり、乗ってみたところで若いころに感じた喜びとはまさに正反対の感覚に襲われるだけだ。目を見開いて、周りの世界とこれから起こることに視線を向ける代わりに、見ないことで少しでも苦痛を感じずにいられればと目は固く閉じたままでいる。腕を上げて安全系統の限界を試す代わりに、身動きもせず、汗ばむ手で握りしめた安全バーに爪を立て、ただただ安定した地面に戻りたいと思っている。何が起こるかその目で確かめる代わりに、記憶を元に次に何が起こるか想像しながら一刻も早くすべてが終わることを切に願っている。

車両に乗った感触、コースの進路、大げさな安全機構に支えられた向心力など、物理的な体感は同じである。しかしその体験から得られる感情はまったく異なるものだ。

リーダーシップの歴史を紐解くと、ジェットコースターに乗る子どもと大人のように、多くのリーダーが、喜んで事に乗じる人と、落とし穴があるかもしれないという強迫観念に襲われ動けなくなる人という2つのタイプに当てはまりそうだ。過去数十年、前者は物事は結局すべて安全な道筋の上にあるという気楽な自信によって、後者は認識しうる項目を異常なほど過度に分析することによって、それぞれ予測可能な結果を導き、どちらのグループも「乗ってみる」に足る心理的な基盤を築いてきた。しかし今日、現実としての周辺環境はますます浮き沈みが激しく予測不能な展開を見せている。結果、それぞれのタイプが苦慮する状況は複雑化している。

過去の経験を踏襲するにしても、分析的な証明への負担を増加させるにしても、リーダーにとって、ピークを予測し、それを活かすのがますます困難になっていくことだろう。しかし、ピーク時にこそ新たなチャンスが「もし」という可能性から「いつ」という必然性へと変化するのを見逃してはならない。過去のデータや経験はあまり役に立たず、その上、ほとんどのリーダーは（本人が知っているかどうかにかかわらず）目隠しをした状態で行動することを余儀なくされている。人間の基本的な認知バイアス、いわゆる「致命的な欠陥」が個人や組織の周辺視野を狭め、あまりにも典型的な機能不全を引き起こしているのだ。

最高のリーダーはこうした制約を乗り越えて大局を見据える。そして、乗ることに対する恐怖は脇に追いやり、紆余曲折にうまく対処できる内なる「子ども」を呼び覚ますのだ。彼らは、すべての結果をコントロールすることはできないかもしれないが、自分の反応であればそれを見越して準備しコントロールできるということを認識し、そのことに感謝すらしている。

今日、特に完璧なデータがない中で望む未来を惹き起こす、つまり未来を"Provoke"するための唯一の手段は、行動するという強い信念を持つことである。行動することで位置エネルギーが生まれる。行動することで他者よりも早く、より明確にピークを見定めることができる。行動することで「もし」から「いつ」への局面変化を乗り越える力を得て、運動エネルギーが放出されたとき、それを最大限に活用することができる。

そして不確実な世界では、行動することが学びを得るための最善の方法になってくる。目的を持って行動しなければ、かつて隆盛を誇った企業が突然「落ち目」となる恐れがあり、その経営はいつ幕を下ろすかわからない状態になってしまう。

私たちは前著の『ベストプラクティスを吹き飛ばせ（原題：Detonate）』で、前進するためには過去の成功基盤こそを「爆破」せねばならないと提言した。本書『望む未来を創り出せ（原題：Provoke）』では、前を向き、考え込んだり分析したりしてその場から動けなくなる人間の本能を乗り越えよと述べている。本書で伝えたいのは、不確実性が高まっていようとも全力で行動する意志を力強く結集し、「DO SOMETHING!」と動き出すことである。

目次◉望む未来を創り出せ◉

第Ⅰ部

予測可能なパターン

第II部

Provokeの原理

第III部 Provocateurたちのプロフィール

第 I 部

予測可能なパターン

第1章 過去のパターン

「1・75%だろ？　気にする必要はないよ」。あるシニアエグゼクティブはそう言って、会議テーブルにパワーポイント資料をポンと放り投げた。そして足をテーブルに乗せ、椅子の背にもたれた。そう、1990年代のホームコメディである恋と結婚（Married with Children）に出てくる〝アル・バンディ〟さながらズボンに片手を突っ込んで。

著者であるスティーブとその同僚は、互いの考えを共有するように視線を交わした。2人は15年共に仕事をしてきており、そのころには互いの思考を共有できるようになっていた。そのときは共にこう考えていた。「この人は本気で言っているのか」と。

3人は、〝アル・バンディ〟の豪華な事務所で会議テーブルに座っていた。ゴルフのトロフィーや、著名人たちとの写真、大きく高価なデスクがスティーブの目に留まった。オフィスは声高らかにアピールしていた。「私は成功者だ！」と。

当時は2009年。スティーブたちは、景気が悪い中、積極的に新たな企業のエグゼクティブを訪問していた。彼らは、ある大手メディア・通信会社をクライアントに、消費者の行動特性を新たにセグメンテーションするプロジェクトを進めていた。クライアントはプロジェクトの成果に満足した。そして、同業他社が集まる次回のカンファレンスでその結果を発表し、他社のエグゼクティブからの反応を得ることを楽しみにしていた。スティーブたちが、〝アル・バンディ〟の事務所に座っていたのはそういう理由である。

プロジェクトでは、インターネット、電話、ビデオ/テレビパッケージ、セキュリティといった、さまざまな通信サービスに対する消費者の嗜好・行動特性に関する詳細なセグメンテーションを行った。数千人の顧客の行動調査からわかったことは、典型的であり予想可能な結果であった。すなわち、結婚したり家庭を持つと、インターネットやビデオの利用が、独身時代から劇的に変化するということであった。ペイ・パー・ビュー(有料視聴)のようなチャンネルへの支出は高くなる傾向を示した。また、家の中にデバイスが増えるため、ブロードバンドのインターネットサービスに喜んで料金を支払う傾向を示した。

この結果は、決して目新しいことではない。この業界にいる企業は既にこうした顧客セグメントを認識し、重宝していた。彼らは期日に料金を支払い、引っ越しもせず、結果としてサービスを解約することもなかったからである。2009年当時であれば、固定電話も持っていたかもしれない。したがって、もし企業がこのような顧客を1人うまく獲得すれば、おそらく手放さないだろうし、それによって確実で予測可能な収益源となっただろう。

顧客の分布図の対極にいるのは独身者であった。独身者は通常、アパートで暮らし、固有の通信ニーズを持っていた。このグループはインターネットやテレビに関して最もベーシックなパッケージを選択する傾向にあった。この選択の動機は、ときには個人的な好みであり（たとえば、夜はテレビでなく読書することを好む人もいる）、またときには支払い能力であった。多くのチャンネルを持てば費用がかかる可能性があるからである。収入水準に基づき（通常、特定の地域と結びつけることで）、この選択の理由を予測することができる。また賃貸住宅か持ち家かによっても予測結果が変わる。可処分所得が高い独身者の中には、より包括的な通信パッケージを購入する者もいたが、通常は、ビデオとインターネットだけが含まれたものが選択された。2009年当時でさえ、このグループは固定電話を欲しがっておらず、携帯電話だけで十分だった。このような独身者は、所得や好みにもよるが、高速インターネットや専門チャンネルには進んで高い料金を支払った。

通信およびエンターテインメント配信市場は、資本集約度が高いため、この業界のプレーヤーはこうした顧客グループをすべて獲得したがっていた。たった1つのセグメントに集中することは、経済的に有効ではなかった。スティーブたちのプロジェクトの本来の目的は、企業がそれぞれの顧客グループのニーズにうまく的を絞るために、自社の製品・サービス、価格、およびマーケティングメッセージを適切にカスタマイズする支援をすることであった。たとえば、通常の持ち家比率を超える地域がある場合、おそらく子どものいる家庭が多いという兆候であるから、包括的なパッケージを宣伝するほうがよいだろう。賃貸アパートの居住者が多い都市地域に対しては、異なる選択をしたほうがよいだろう。

これらの結果は、いずれも、あっと驚くようなものではなかった。これらのパターンは、この業界の経験豊富なエグゼクティブにとっては、一般的に予測可能な範囲のものであった。

小さな1つの例外を除いては。

一見取るに足らない顧客グループ、すなわち、かのエグゼクティブが目もくれなかったあの1・75%は、独自の行動特性を示していたため、より大きなセグメントのいずれにも割り当てることが難しかった。通常、ある市場をセグメンテーションする際には、それぞれが特有の行動特性を有する単位であり、個別にフォーカスするに値する大きさである単位として、4~8の有意なグループに分ける。このような分析的観点から、先の1・75%は、どのセグメントにも当てはまらなかった。

このグループは若年層であったため、はじめスティーブたちは、他の独身者を含むグループに分類しようとした。しかし、行動特性はまったく適合しなかった。低所得層であったため、予算意識が高い独身者グループにまとめようともしたが、彼らは最も低コストのインターネットを選んではいなかった。実際、彼らは高速インターネットをほしがっていた。次に、高所得の独身者にまとめようとしたが、彼らはテレビパッケージを購入していなかった。たいていの場合、最もベーシックなテレビパッケージを選んでいただけであり、テレビパッケージをまったく購入していない者も多かった。当時、このグループが、もし仮にインターネットだけを購入することができたなら、高速であることを条件に、そうしていただろう。

インターネットプロバイダーからテレビや電話も購入するよう要求されたなら、彼らは自宅で有線接続する代わりに、時にはセルラーホットスポットに行くなどして他の場所でインターネットを有料で使用していたかもしれない（以前は携帯電話をホットスポットとして使用することができた）。

スティーブたちがこのグループを更に調査し、単にビデオコンテンツに興味がなかっただけなのかどうかを理解しようとしたところ、その反対であることがわかった。この独身者のグループは、ビデオコンテンツに大きな関心を持っていたが、従来型のテレビ番組は見ていなかった。彼らは当時新しかったユーチューブで、短いビデオを見ていた。彼らはオンラインビデオの抜粋を見たり、前年に市場に登場したばかりのネットフリックスで提供される新たなストリーミングサービスに加入したりしていた。当時のネットフリックスは作品数が1000ほどしかなく、ストリーミングも月18時間が上限であった。名詞や動詞にまでなっている現在のネットフリックスとは程遠い状況であった（注1-1）。

スティーブたちは、興味をそそられて更に深く掘り下げた。わかったことは、彼らの行動特性は、コストではなく嗜好に根ざしていたことであった。この小さなグループは、単にこういった方法でコンテンツを消費することを好んでいた。このグループは、見たい番組を見たいときに見たかったのだ。小さな一口大のコンテンツを望んでいたのである。広告はない方が望ましい（ただし、予算の制約を考えると、広告によって料金が安くなるのであれば我慢するだろう）。彼らは好みの番組をオンラインで、可能であれば無料で視聴する方法を見つけることにきわめて機敏であった。

要するに、この方法でコンテンツを消費していたのは、「安い」からではなく、「その方が良い」からであった。ただし、その方が安くもあったという事実により、彼らにはトレードオフのない変化がもたらされた。

しかし、かのエグゼクティブはそう思わなかった。彼は調査結果よりも、調査方法を信用しないことに興味があったようだ。

細かいことは
気にしないようにしよう。
TOM FISHBURNE

もう一度聞きます。何人を調査の対象にしましたか。
調査サンプルにどのように重みづけをしましたか。
この調査の対象範囲は全国ですか。ある地域ですか。
調査の方法はオンラインですか。電話ですか。

スティーブは、同僚と目配せした後、エグゼクティブにたずねた。「この顧客グループの行動をもっと知りたくはないですか。今後、一定数の規模になってくれば、これまでの収益モデルを根本的に見直すことを強いられるような存在にも思えるのですが」。

エグゼクティブが「気にする必要はないよ」と答え、横柄にズボンに手を突っ込んだのはそのときだった。

このエグゼクティブの行動パターンは、私たちが、あらゆる種類のビジネスリーダーとの接点の中で、何度も出くわした行動パターンの1つである。――そして、本書『望む未来を創り出せ（Provoke）』を書いた核心的理由の1つでもある。

大半の人は、自分の領分に重要な影響を及ぼす可能性のある〝例外〟が現れても、予測可能なパターンに固執して行動する。あたかも、企業のエグゼクティブが、ジェットコースターに乗っていると思ったら、ザ・ライド・オブ・ゼア・ライヴズ（The ride of their lives）さながら、いつの間にか命がけの乗り物に乗って急勾配の坂を上りつつあることに気づいていない状態である。

「もしそうなったら」と可能性を考えることから、「いつそうなるか」という時間の問題のフェーズに移行する。あまりにも多くのエグゼクティブが、この局面変化を予測することができていない。彼らの行動パターンはこうだ。

トレンドを見逃す
トレンドを否定する
トレンドを過剰に分析する
トレンドにおとなしく従う

トレンドを見逃す

人々が直面しがちな最初の課題は、自分の目の前で起こっている事実さえ正しく認識できないことである。上記のようなコードカッティング行動（訳注：ケーブルテレビの契約を止めてインターネット経由の動画視聴を選択すること）については、コンサルティングチーム自身でさえ、過去に関連する行動特性に関する知見の報告がなかった場合、課題を見逃していたかもしれない。しかし、このコンサルティングチームには、若いメンバーが含まれているというメリットがあった。若いメンバーの多くが、コードカッティングを自身でも検討していたのである。彼らは、そもそも、都合の良いときではなく、決められた時間に番組を見るよう強要するものに料金を払いたい人がいる理由を理解することができなかったのだ。

一般に、我々がトレンドを見逃すのは、それを見ていないからではなく、見たままの生データを、自らの経験という無意識のフィルターを通して、脳が処理してしまっているからである。そのフィルターを取り外す方法を意識的に学ばない限り、まさに目の前で起こっていることを見ることが困難になる可能性がある（注1−2）。

トレンドを否定する

「1・75％だろ？　気にする必要はないよ」。先に述べたエグゼクティブとの経験は、トレンドの否定の一例である。否定は多くの形態を取り得る。スティーブが見たのはさりげない形態の否定であり、それは観察結果自体を疑い、信用しないことであった。我々はこれまでにも、他のトレンドの例（人類が気候に及ぼす影響やワクチンなど）から、否定には、調査結果に対する単なるあからさまな反論が含まれることもあるという事例も見てきた。長期間にわたり何かが見逃されてきた後で、相手にそれを指摘した場合、往々にして否定的な反応に拍車をかけることになり、否定する者はより頑なになる。教訓は、人は重要なことを見逃したと指摘されることを好まないということである。

トレンドを過剰に分析する

一定期間否定した後、分析に転じる者もいる。エグゼクティブは多くの質問を開始する。それはどれくらい大きいのか、どれくらい速く動いているのか、どれくらいの人に影響があるのか。そして会議に次ぐ会議が開かれる。パワーポイント資料は常に必需品だ。多くの場合、分析は更なる分析につながる。人は何かを見れば見るほど、もっと他に見る方法はないか探すものである。もちろん、これはすべて、事業が直面する課題（または機会）に関する詳細な情報をエグゼクティブに提供するために行われている。分析に集中した会議において、市場での企業としての行動を決定して終わる例を見ることはまずない。ほとんどの場合、必要な行動は更なる分析を行うことであるという結論に至る。

トレンドにおとなしく従う

過度に長い調査期間の後、エグゼクティブが行動するのを見ることも稀にあるが、悲しむべきことに、ほとんどの場合、小さ過ぎ、遅過ぎる。実店舗のデパートがオンラインショッピングのトレンドを示す長い曲線に対応する努力を考えてみるとわかる。初期の兆候に直面した際、いわゆる「実用最小限の行動（minimally viable action）」を実行するために主体的な選択を行うのではなく、トレンドの事実に直面するのを待ってから、市場の力学に自らの進む道を委ねるのである。重役会議室ではしばしば「ファーストムーバー（最初に動く）」戦略を追うか「ファストフォロワー（速やかに追随する）」戦略を追うかの理論的論議が繰り広げられる。残念ながら、ファストフォロワーとしての立場はほぼ常に「誰かが市場で成功するのを待ってからスタートする」ものとされる。市場が「勝者総取り」の傾向を強めつつある度合いを考慮すると、これは、ますます失敗する運命にある選択である。現実を直視しよう。ほとんどの「ファストフォロワー」は真の怠け者である（注1－3）。

トレンド？　どこにトレンドが？
トレンドを見逃す
わーわーわー…まだ確信がない…わーわーわー。
トレンドを否定する
次の会議の準備のためにどの程度の分析が必要かを分析する必要がある。
トレンドを過剰に分析する
おめでとう。進めよう！ただし予算もリソースも使わない範囲で。
トレンドにおとなしく従う

繰り返し目の当たりにしたこの行動パターンが『望む未来を創り出せ（Provoke）』の執筆を促してくれた。戦略コンサルタントとして仕事をする中で、「不確実」のレッテルを貼られた多くのトレンドを目にするが、「もしそうなったら」（真の不確実性と考えられるもの）と「いつそうなるか」の不確実性との間には隔たりがある。この差は非常に重要な問題である。トレンドに直面してどのように行動するかを決定するものであり、この意味の微妙な差を認識しなければ、ほとんどのリーダーは、例のズボンに手を突っ込んだエグゼクティブのパターンに従って、見逃し、否定し、過剰に分析し、おとなしく従うことになる。

解決策はProvokeすること

例のエグゼクティブと、彼が率いる組織は目隠しを持っていた。それは我々誰しもがある程度持っているものだ。これは、組織の周辺の視野と、周辺で発見された変化の重要性を評価する能力を狭めていた。このような目隠しは、我々が皆有する人間の基本的バイアスに由来し、我々が観察する活動の場が、実世界より狭いことを意味している。俗に言う、our maps are not the territoryである。

組織的機能不全は過剰分析、すなわち終わりのない会議、またはある結論に達したように見える会議によって形成されるが、これらが組み合わさると、組織的無作為につながる。無作為とは、自分で自分の進む道を決めるのではなく、まさに実店舗のデパートがやっていたように、他者によって決められる、または選択範囲を制限されることである。慣性の法則（本当のところは惰性）は、我々を予測可能な一連の選択肢の中に引きずり込み、トレンドのわずかな兆しによって表現される新たな現実に直面したとき、失敗へと誘うのである。

このようなバイアスは、第Ⅰ部「予測可能なパターン」の各章の主題である。また、第Ⅰ部ではこうした問題の一部を克服するために、今すぐ開始することができる解決策も提示する。

第Ⅱ部「Provokeの原則」では、「もし」に直面しているのか、「いつ」に直面しているのかによって始めることができる5つの行動を紹介する。具体的には、将来を展望する(Envision)、成功に向けて態勢を整える(Position)、変革の原動力になる(Drive)、変化する状況に適合する(Adapt)、エコシステムを活用する(Activate)、である。これらのツールは、有意義な行動を妨げるバイアスを回避するのに役立ち、活動の場をより適切に評価するための視野を広げ、実際に何かをしようという気にさせてくれるだろう。

バイアスが原因で生じる問題をうまく回避している人もいる。第Ⅲ部「Provocateurのプロフィール」では、より良い将来の創出を組織にProvokeしたエグゼクティブに関する3つのストーリーを紹介する。

一旦は、ズボンに手を突っ込んだ例の友人の話に戻ろう。我々が皆コードカッターである今日では、おそらく面目を失っているにちがいない。我々はその日、例の小さなグループに興味を持つよう彼を説得することができなかった。少なくとも彼のしゃれた事務所で過ごしたその午後においては、あまりにも小さなセグメントであったため問題にされないままであったのである。彼の会社が後日そのアイデアについて話し合ったかどうか、またどのくらい話し合ったのかはわからないが、この会社に対する市場の反応は、ネットフリックスに対する反応と比べて控えめである。肩を並べるには遅すぎた（しかし、彼らが自らをファストフォロワーと考えていたことは確かである）。必要不可欠なケイパビリティの多くが組織内に既にあったにもかかわらず、行動に至るまでに時間がかかってしまったのだ。

その間、ネットフリックスの株価（分割時に調整済み）は、会議が行われた2008年初頭には約4ドルであったのが、これを書いている今では500ドル超と、100倍を超えて高騰した。2020年第3四半期には、ネットフリックスの有料会員は2億人近くになり（執筆時における最新の公開統計）、時価総額は2000億ドルを超えている。

同じとき、（私たちを先述の人物に紹介した）クライアントのエグゼクティブチームは異なる戦略を採用した。早い段階でこのトレンドに関する洞察を得たことにより、彼らは今、効果的にワインドダウン企業（wind-down：段階的に事業から撤退する企業）になっていることを認識した。ワインドダウン企業は、ポップアップ企業（pop-up企業：突然現れる企業）のいとこである。ポップアップ企業は、市場の中の小さな需要の窓を捉えるために立ち上げられる。たとえば10月1日に突如現れ、11月1日に姿を消すハロウィーンショップを考えるとよい。違いは、ワインドダウン企業は、当初の意図として「永久に持続する」という目標を持っているが、エグゼクティブが認識しているか否かを問わず、衰退の波に乗る企業であるということである。

早い段階で洞察を得たことにより、クライアントは、仮にまだ高い収益性があるとしても、有意義な再発明がなければ、そのビジネスモデルは死に体であることを認識した。結果として、彼らは事業を売却したのである。結局のところ、売却の選択は彼らにとって良い選択であった。彼らは良いタイミングで事業撤退することができたが、類似の資産、ケイパビリティ、ビジネスモデルを持つ他の企業は今も尚、ネットフリックスのような会社から主体的に得られるコンテンツ経験を好むような、増加する一途の顧客セグメントを攻めあぐねている。

ワインドダウン企業になるという選択は完全に正当な戦略選択であるが、新たな市場トレンドに適合し、うまく追及することにも多くの潜在的な価値創出の機会がある。それが本書『望む未来を創り出せ(Provoke)』で掘り下げたいことである。リーダーとして、我々は皆、トレンドに気づき、世界が向かう場所に動くことができるよう、優れたパターン認識能力を持つ必要がある。結局のところ、トレンドを追わないことを決定する場合であっても、私たちが本書で説明する取り組みによって、あなたは確実に、市場の力学によって要求される条件ではなく、自分自身の評価に基づいて決定を下すようになるだろう。

しかし、そうしたトレンドに気づく方法を身につける前に、こうしたトレンドを最初に見つける方法に入り込む致命的な人間的欠陥を特定し、是正する必要がある。第2章では、「もし」から「いつ」への移行方法、すなわち単なる可能性ではなく既に現出しているトレンドを解きほぐす方法を検討する。

第2章

「もし」対「いつ」の重要性について

パパ、デュードワイプス（Dude Wipes）を使ったらお尻がスースーするよ。

——グレイソン・ゴールドバッシュ　5歳　2020年3月の深刻なトイレットペーパー不足に際し

パンデミックになる前はおそらく誰もがトイレットペーパーはあって当たり前のものだと思っていただろう。そして当然そうであった。トイレットペーパーは、あまり意識して考えることなく毎日使っている多くのものの1つである。なくなるまでは、そこにあると単純に考えている物品である。当時、人々はちょっとしたパニックに陥った。コメディドラマである、となりのサインフェルド（Seinfeld）のエピソードを思い出してみよう。その日のライバルがエレインに「余分なたばこはないよ」と言った場面である。パンデミックは、トイレットペーパー不足という問題が目の前で起きたとき人々がどう行動するかを我々に見せてくれた。

人間行動（Human Behavior）は、ビジネスの最も基本的な最小単位の構成要素であると私たちは考える。パンデミックは、厳しい混乱時における人間行動を観察する、多くの機会を与えてくれた。そして、このように大規模な混乱に直面したとき、トイレットペーパーは手元に大量にあると安心につながるものの1つであることが判明した。同時に我々は、自分が実際にどれくらいの量のトイレットペーパーを必要としているかを実はわかっていないことも学んだ。2020年の初め、インターネットの広告フィードに多数のトイレットペーパー計算機サイトが突如現れ始めたことからもそのことがわかる。それまで誰もそんなものの必要性を想像したこともなかったのに。

恐怖とお粗末な見積りが結び付くと、非常に興味深い買いだめ行動につながる。結果的に人々はトイレットペーパーを買いに走ったのである。理に適っているか否かを問わず、トイレットペーパーを買いに行ってもなかなか見つからないという状況が発生したのは確かである。

これを深く掘り下げる前に、はっきり言っておこう。私たちは第2章のかなりの部分を言わば第2のもの（訳注：number two には大便の意味もある）に関する行動に割こうとしている。なぜ誰もが少しきまり悪くなるようなことを話さなければならないのか。これは文字通り誰もが避けて通ることのできない行動の最たる例だからである。今にして思えば、潜在的不足に対処する新たな興味深い方法がたくさんあった。新たな興味深い人間行動は、機会の塊だ。

あるとき、消費者がテクノロジーを活用してトイレットペーパーを簡単にシェアしている場面を見た。世界のテクノロジーハブであるサンフランシスコで、こうしたケースが1件、フィルムに収められていた。困っている友人にドローンを飛ばした人がいたのである。（一休みして次のＵＲＬで映像をぜひ見てほしい。https://mashable.com/article/drone-delivery-toilet-paper-san-francisco-coronavirus/）。これを大規模な事業として想像できるだろうか。ライドシェアに代わり、ドローンを使ったデリバリー・オン・デマンド型の地域的なトイレットペーパーのシェアサービスを（おそらく想像したくないだろうけれども）想像してほしい。別のケースでは、パンデミックが始まったころ、サウスカロライナ州の警察官が善意の印として違反切符の代わりにトイレットペーパーを手渡していたのを見た（注2―1）。

しかし結局のところ、トイレットペーパーそのものに対するニーズが問題なのではない。トイレットペーパーがなくなったらどうしようという恐怖が買いだめ行動につながることが問題なのである。我々は「賢い消費者」なのだから買いだめはしないと言えたらいいのだが、それは嘘になるだろう。私たちもビクビクしていた。著者のスティーブはパンデミック中に自宅用の食料品を買いに出かけたが（最初のロックダウンが解除されたときに定着した行動）、出かけるたびにどのトイレットペーパーでもいいから見つけたら買ってきてと言われていた。彼の家族は、納期が6週間も先の市販のトイレットペーパーも念のため注文した。早く届くようオンラインで入手できるウェット・トイレットペーパーであるデュードワイプス（Dude Wipes）も注文した。

劇的な変化が起こる時代には、人は習慣を変えることが知られている。それが恒久的な行動変容につながることもある。本書執筆時において、パンデミックを切り抜けた後どのような新しい習慣が定着するかはまだわからないが、長年続いてきた多くの習慣が淘汰されるのは明らかである。オフィス勤務が再開されたとしても、多くの人にとってリモートワークの頻度は間違いなく増えるだろう。頻繁に手を洗うことに一層注意を払うようになるだろう。またおそらく、定期的に家でパンを焼く習慣も続くだろう。

習慣はビジネスにとって重要な土台である。無意識にいつも買っているブランドをすべて思い出してほしい。最もありそうな例は、牛乳、洗剤、脱臭剤などだろうか。おそらく朝のコーヒーも、自宅で淹れる、よくある地元のコーヒーショップで買って来る、あるいは国内の小売店からプレミアム価格で買うなど、それぞれの習慣があるだろう。この最後のパラグラフを読むまで、おそらくそういうことをあまり考えたことはなかったのではないだろうか（注2-2）。

パンデミック中、こうした習慣の多くは困難になった。私たち2人も「コーヒーを外で」買うことに慣れていたため、ロックダウン中は適応しなければならなかった。ジェフは仕事を再開すると再びコーヒーを外で買うようになったが、スティーブはフレンチプレスでコーヒーを淹れるのが上手になり、その後も自分で淹れることに無上の喜びを感じていた。習慣は定着性の高いものであればあるほど、ひとたび変化するとビジネスに大きな影響を及ぼす。

さて、この習慣の変化の重大さを踏まえてあらためて、我々はトイレットペーパーから代替品への転換を見ただろうか。今にして思えばイエスである。小さな消費者グループは、もうトイレットペーパー供給には頼らないと決心した。自宅に温水洗浄便座を設置したのである。

米国市場にしか注意を払っていないとお叱りを受けないよう、温水洗浄便座は世界各国に普及しており、義務づけられている国もあることを認めておこう。たとえばイタリアでは、1975年衛生法により家庭内の少なくとも1カ所のトイレに温水洗浄便座を設置することが義務づけられている。TOTOが電子制御パネル付き温水洗浄便座をもたらし、これは日本の家庭における必需品になった。その後2020年3月、米国における温水洗浄便座の売上は劇的に増加した。通常売上の10倍を超える最高売上を達成した会社もあった(注2-3)。

製紙会社にとって、白物家電メーカーにとって、また価格が適正であるときに行動に移そうとしている消費者にとって、このような事象が提起するきわめて重要な問いは、この転換が一度限りの売上急増であるのか、アメリカ人の間で温水洗浄便座の使用が恒久的なトレンドになるのかである。

トイレのことはひとまず置いて、本書の残りの部分で検証しようとしているコンセプトを一般化してみよう。広い意味で、あらゆるトレンドには2つの局面があり、それぞれトレンドを取り巻く不確実性によって特徴づけられる。最初の「もし」の段階では、トレンドが現実のものになるかどうかまだ不確実である。「いつ」の段階では、トレンドが進行し、勢いを増し、重要な変曲点を越えており、もはや現実のものになるかどうかは不確実ではない。いつそうなるか、どの程度そうなるかという問題だけである。

本書の中核的仮説は、ひとたび「もし」が「いつ」になったらリーダーの対応の性質は

変わらなければならないということである。より良い将来、すなわちあなたの組織に利益がもたらされる将来を創出するためのトレンドを形成する行動に注力することが機会をもたらす。

「もし→いつ」の転換は、序文でも書いたように、ジェットコースターに似ている。ケーブルが車両を丘に引き上げている大きな最初の上りは「もし」段階である。ジェットコースターの車両は1トンの位置エネルギーを蓄えており、もし止まれば、まさに後ろに滑り落ちるかもしれない。しかし、車両がピークに達し、傾き始めると、その位置エネルギーは運動エネルギーになり、その勢いで車両はさながら命懸けで回転し、うねり、方向転換することになる。その変曲点にあたったとき、「いつ」段階が始まる。「局面変化」と呼ばれることの移行中の重要な問いは、トレンドが必然に変化するのにどのくらいの時間がかかるのかということである。

「もし」から「いつ」への移行中に効果を発揮する可能性のあるすべての仕組みを語り尽くすことは不可能であるが（人間行動がジェットコースターの物理学より複雑であることは明らかである）、「バランスド・ブレークスルー・モデル」と呼ばれるデザイン主導イノベーションの世界から得た知識に頼ろうと思う。このモデルの背後にある基本概念は、市場で成功する可能性が高いバランスの取れたイノベーションには、①有用性（desirability：市場がそれをほしがっている）、②実現可能性（feasibility：イノベーターがそれを生産することができる）、③持続可能性（viability：イノベーターが最終的にそこから収益を上げることができる）という3つの側面が同時に組み込まれていることである。すなわちこの3つの項目すべてを満たす方向に向かっているように見えるトレンドは、他の手堅くないトレンドよりも「いつ」への局面変化を通過する可能性がはるかに高い（注2－4）。

有用性を見るうえでの最も重要な視点は、トレンドが現状よりも良い結果を出す度合いである。トレンドの行きつくところが、すべての顧客にとって現状と比べてあらゆる点で良いと想定される場合、次は、いつそうなるかという問いのみが残る。それが実現可能か、あるいは実現可能になるものと仮定し、誰かがそこから収益を上げる正しいビジネスモデルを見つけるのである。私たちは、適正な需要があれば、ほぼすべてのことが可能であると固く信じているが、改善がごくわずかしかないか、人口のわずかな部分にしか有用でない場合は、経済的に報いられる可能性は低い。このため、実現可能性または持続可能性は、おそらく費用優位の点で並外れて高いものになる必要がある。

第1章のコードカッティングの例を考えてみよう。コードカッティングの主なメリットは、見たい番組を見たいときに見ることができることである。誰か他の人が予め決めたスケジュールに合わせなければならないことと比べると、好きな番組を好きなときに見ることができる柔軟性の方が明らかに良い。たとえ驚くべき偶然の一致により、番組を見たいと思った時間が全放送局の決めた時間とまったく同じであったとしても、前より不利になるわけではない。この場合、トレンドの有用性に関する不確実性は存在しない。コードカッティングは消費者にとって明らかに有利になるため、問題は、実現可能性と持続可能性のバリアを克服することができるかどうかである。

当然、有用性は常に相対的であり、各消費者の視点によって決定される。それぞれが異なる好みを持ち、異なるものに魅力を感じるかもしれない。したがって、決して市場を1つの基準（のみ）で見るべきではない。コードカッターと同様に、好きな番組を好きなときに見ることができるという特徴がすべてにとって勝る場合、その特徴は多かれ少なかれ、異なる人口区分にとっても重要であるかもしれない。トレンド出現の初期段階ではとりわけ、長きにわたる習慣を喜んで壊して新たな行動を取り入れる「スーパーユーザー」が、我々の未来を理解するための鍵を握っている。

配車サービスの立ち上げを考えてみよう。ニューヨークのような市場では、既存のタクシーインフラではタクシーを呼ぶことができなかった。また、消費者が乗車したときに清潔だとは思わなかった。このため、電話で同程度の価格の清潔な車を呼べることは大部分の消費者にとって明らかに望ましい（確かにイエローキャブに乗るのを好む、あるいは規制されているという事実に安心感を抱く人もごく少数存在するが）。既存の（あまり望ましくない）特徴はすべて、トレードオフなしで存在しうる。一方で、他の市場には重大なトレードオフが含まれているかもしれない。たとえばロンドンでは、タクシー運転手は包括的な訓練を受ける必要があるため、運転手の知識に対するトレードオフが存在するかもしれない（注2－5）。あるいは電話で簡単にタクシーを呼べる市場が既にあれば、それは、これから立ち上がる配車サービスにとって、魅力的な競合であったかもしれない。すなわち、配車サービスは、魅力的な競合が存在しない（配車機能以外の他の点は似たり寄ったりの）市場から優先的に立ち上がることは確実だった。問題は「もし」ではなく「いつ」であったのだ。

この時点で、「待てよ。この『もし～いつ』のジェットコースターが異なるサイズと形で来ることはないのだろうか」と疑問を持つ読者もいるかもしれない。もちろん、傾斜はさまざまであり、ピークの高さもさまざまだ。「もし」から「いつ」への局面変化を通過する総合的なサイクル時間もさまざまである。トレンドが「どの程度」重要であるかという この追加的な問いは、当然、早期に生じるいくつかの弱い兆候のうち、どれに注意を払うべきかがどうすればわかるのかという問いにたどり着く。残念ながらこれに対する単純な答えはない。最良のProvocateurは、少なくとも始めに、すべての弱い兆候に注意を払う。一般的な経験則として、基本的なビジネスモデルや理念に影響を及ぼす可能性があることには特に注意を払うべきである。例の〝アル・バンディ〟のエグゼクティブについて言えば、彼のビジネスモデルは、安定した顧客基盤から高い収入を得るために、複数の製品・サービスを抱き合わせにすることが前提になっていた。例の1・75％のセグメントでは、顧客の購買行動から単体の非従来型製品という特徴が好まれることが示されていたが、彼は、このセグメントが大きく成長すると彼の成長システム全体が損なわれる可能性があることを早い段階で認識すべきであった。ポイントは、早期のかつ／または弱いすべての兆候に鋭い注意を払う方法を開発し、成功モデルへの潜在的な影響の度合いを速やかに評価することである。確かに混合物には燻製ニシン（訳注：その臭いから、重要な論点から相手の注意をそらす技法を意味する）も混ざっているだろうが、初期段階においては、むやみに目隠しをするよりもむしろ、間口を意図的に広く設定しておく方が良いだろう。

多くのトレンドは、明白な有用性によって簡単に特徴づけられるものではないため、検討が複雑である。通常、ある特徴は一部の人には望ましくても、他の人にはそうではない。電子書籍リーダーの市場を考えてみよう。電子書籍リーダーは1990年代後半に登場して以来、最終的には市場を席巻するだろうという数多くの予測があった。しかし、米国出版者協会によると、数年前の時点で電子書籍リーダーは米国書籍売上総額の約20％に過ぎなかった。スタティスタによると、米国外での普及はもっと低く、2021年におけるヨーロッパでのユーザー普及率は約12・5％である。結局のところ、デジタルだけでコンテンツを消費する顧客のセグメントは、ピューの調査によると米国成人の約7％と少数である(注2－6)。このセグメントは携帯可能であることや、書籍数を増やしても重量を増すことなく簡単に持ち運べることに価値を置いているのかもしれないし、(ハードカバーの新書に比べると)〝軽量読者〟であることに価値を置いているかもしれないと推測される。ひょっとすると、このセグメントは重量以外に、出張中にライブラリー全体を検索し、持ち運ぶことに価値を感じているのかもしれない。友人であり同僚でもあるメーガン・サルハム(彼女がいなければこの本は存在していないだろう)はこう言っている。彼女の家族は電子書籍を読むことが大好きだが、その理由は消灯後もベッドで読書ができるから、すなわち隣で寝ている人の睡眠を妨げないからだと。

多くのメリットがあると思われるにもかかわらず、このセグメントは依然として小さい。ピューによると、紙の本しか読まない読者は37%であり、これと比べると明白である。こうした消費者は明らかに、重量や、デジタルの検索可能な図書館を持つことや、消灯しても読書ができることは気にしていない。あるいは気にしていたとしても、これまでの読書習慣を変えたいとはあまり思っていない。おそらく、感触や著者のサイン本を所有できるなど、紙の本にしかないメリットが、他に勝る価値なのかもしれない。この種の有用性のパターン、すなわち、ある機会が一部の消費者には関連するが、他の消費者には関連しないというパターンはかなり多く存在している。

市場が成熟すると、新たな参入者は、人口のごく小さな比率における有用性の隙間（ニッチ）に対応する方法を探す。これが典型的な産業進化である。最初の参入者は、市場を定義する新たな製品やサービスを出現させ、効果的に産業を創出する（自社が唯一の競合者であり、平均でもある）。その後、他の競合者がやや異なる特徴を持って、たとえばより高品質のバージョンをより高い価格で、あるいはより低品質のバージョンをより低い価格で、参入してくる。時が経つにつれ、市場は細分化し、市場のさまざまな段階を満足させるためにさまざまなものが提供され、遂にはこうしたさまざまなセグメントに供給することが経済的に持続不能になっていく。通常、そうなったときが統合の始まるときである。消費者が、モバイルアプリに代表される一般的なチャネルを通じて、製品やサービスを手軽に選べるようになっており、このようなイノベーション、細分化、そして統合のプロセスが急速に発生する状況を目の当たりにすることが増えつつある。

フードデリバリーの業界では、最初、複数のさまざまなプレーヤーが世界中のさまざまな市場で活動していた。米国ではグラブハブやシームレスハブ（後のシームレス）や、今や懐かしいメニューページズが草分けだった。成長市場での資本化を目指して、ドアダッシュ、ウーバーイーツ、ポストメイト、キャビアなどが参入してきた。欧州では、オランダに本社を置くテイクアウェイドットコム、英国のジャストイート、その他さまざまなサービスが生まれた。時が経つにつれ、こうした競争の激化により利益が減り、消費者の選択が増えることになった。利益が減ると、次に規模の経済を目指して統合が起こる。この数年間で、欧州ではジャストイートとテイクアウェイが合併し、これが後に（過去にシームレスを買収した）グラブハブを買収した。2020年後半には、ウーバーイーツが数十億ドルをかけてポストメイトの買収を完了した。ドアダッシュはキャビアを買収した。キャビアは、都市地域における高所得者向けのレストランに特化したサービスであり、通常デリバリーを行っていない。実に素早い統合である！

『望む未来を創り出せ（Provoke）』ではまず、業界を定義または再定義するトレンドの種類に焦点を絞り、次に業界を区分するトレンドに焦点を絞るつもりだ。その理由は、本質的に、業界を定義または再定義するトレンドは、顧客の生活と社会を向上させる最大の機会を持つトレンドだからである。

有用性が潜在的機会を構成するのであれば、実現可能性と持続可能性は、実現の速度を規定する。現状を改善する多くの機会を特定することができたとしても、経済的に持続させることができなければならない。明らかに有用で望ましいことと、本流に選ばれることとの間にはいくつかの障壁が立ち塞がることがある。こうした障壁にはいくつかの区分類型がある。

行動的実現可能性（Behavioral Feasibility）は、有用性と実現可能性の交差点に位置する。実現可能性に関しておそらく最も重要な問いは、評価中のトレンドに適応するために、顧客の行動を変えることができるか否かである。すぐれた製品や経験があるだけでは十分ではない。それがあるからといって必ずしも勝てるわけではない。新しいことへの挑戦には長きにわたる習慣の破壊がつきものであり、それは顧客行動の世界において最も強い力である。たとえば、組織はリモートワークのコンセプトに慣れてきたが、トレンドが加速するかどうか、あるいは従業員が完全に通勤をやめたくなるかどうかは明らかではない。

新たな習慣の形成は、パンデミックのような強力な外部状況によって強いられる場合には容易である。自分に有利に働く力がないときに新たな習慣を作りだすとなると話は別である。したがって、行動的実現可能性の重要な変曲点を越えるという目標を達成するためには、本当のモメンタムが必要になる。消費者の実現可能性に対する障壁を克服するためには、顧客自体がトレンドに気づき、トレンドを試し、反復し、有意義な方法で頻繁に他者と経験を共有する必要がある（注2-7）。ところで、読者の中には今「これは自分のビジネス、すなわちB2Bに本当に当てはまるのだろうか」と思っている人がいるだろう。答えは100%イエスである。顧客がどの製品とサービスを買うのか、誰にそのサービスに入札させるのか、また業者から仕入れる方法に関して推奨される組織的習慣（またはシステムおよびプロセス）に関して、あなたもまた人間の意思決定を行っている。

技術的実現可能性（Technical Feasibility）とは、トレンドの創出に必要な行動が物理的に可能である度合いをいう。たとえばウーバーは、手持ちのコードと既存のナビゲーション能力を併せることで、それまでの技術的実現可能性の壁を破壊した。自動運転車は技術的に実現可能であることがわかっている。パンデミック時の対応から、他の障壁が解除できれば、急速なワクチン開発も技術的に実現可能であることがわかった。

規制上の実現可能性（Regulatory Feasibility）は、トレンドを創出することが合法的であるかどうかという問いに答える。規制が市場を先回りすることは少なく、後手後手である傾向がある。新たな市場を創出するために既存の規制障壁を克服しなければならないことは多い。たとえばウーバーは世界中の既存の規制に挑戦した。スペースXがインド全域におけるインターネットアクセスという重要課題の解決を支援するために、インド電気通信規制庁(TRAI)とともに取り組んでいる例も挙げられる。インドのインターネットの平均速度が約12Mbpsである状況で、150Mbpsのサービスを提供することのできるさまざまな低軌道衛星を発射しようとしている。プロジェクトは、重要なアクセス問題を解決するために、さまざまなサービス向けに考案された古い規制を克服するように構築されている（注2―8）。

持続可能性（Viability）は、トレンドの創出が利益を生むか否かを問う。この質問の答えはほぼ常に曖昧である。経済的保証はほとんどない。最も重要なことは、トレンドの実現に必要な措置を一か八かやってみるためには、将来収益を生むための明確な道が見えるかどうかにかかっている。これは当然、主観的な問いである。2つの異なる組織が同じ機会を見て、まったく異なる結論を導き出す可能性もある。しかし、持続可能性テストに必要なものは、一か八か賭けるべき対象である。ベンチャーが長期的に本当に収益を生むか否かはある意味問題ではない。市場の創出は収益性の前に発生するからである（ここでもウーバーが参考になる）。真の経済的持続可能性は、事後的にしか確定できない。

では、米国で温水洗浄便座の市場に何が起こっただろう。「もし→いつ」の局面変化を過ぎても高揚は続いただろうか。あるいは十分なモメンタムを創出しそびれたのだろうか。後者である。温水洗浄便座は、興味深い短期的な売上急増を発生させた。しかし、その急増は米国の家庭における温水洗浄便座の設置という長期的トレンドにはならなかった。私たちの仮説はこうである。過去に温水洗浄便座を試した人はその優れた洗浄経験に感動したかもしれないが、温水洗浄便座を見たアメリカ人の数は少なかった。言うまでもなく試した人も少なかったのである。トイレットペーパー不足は長く続かなかったため、行動適応が真に必要とされる状況には至らなかった。将来不足する可能性があるという心配が生じたに過ぎなかった。したがって、人々はトイレットペーパーを見つけたら予備を買うことで対応した。温水洗浄便座の購入が短期間で急増したことは、どちらかと言えば、それまで態度を決めかねていた人たちがこの機会に思い切ったか、この流れを利用して様子見を脱した結果である。

同様に、ウェット・トイレットペーパーを試す者も急増したが、この市場は律儀に使用し続けるニッチ集団より大きく有意義に成長することはできなかった。スティーブの家では、ウェット・トイレットペーパーは短期的な代替品であった。ゴールドバッシュ家の人たちはデュードワイプス（Dude Wipes）を使い切って、チャーミンが戻ってきたのを見て大変喜んだ。

後の判断なら100発100中だと言う人がいるかもしれないが、人間行動のパターンと産業進化のパターンを理解することは、組織に「何かをしよう」という気にさせる仮説の形成に不可欠であると私たちは信じている。問題は、多くの「致命的欠陥」により、個人も組織も将来に関するこうした仮説形成のスタートラインにたどり着いていないことである。第3章では、組織の周辺視野が狭くなり、萌芽的なトレンドを看過してしまう、人と組織の特性を検討する。

第3章 パーソナルパターン

コンセプトに現実味を与えるために取り上げるエピソードの中には、書いていて楽しいものがある。示唆に富み、思い出すと愉快な気持ちになる。良いエピソードは不思議なほどそういった傾向にあるのだ。他方、少し気まずいエピソードもある。企業の研修用ビデオのフィルムから切り取られた音声と同じくらいありきたりだからである。これらのエピソードは私たちにとって、実話であり、日常茶飯事だ。きっとあなたもそうであるように、私たちは数えきれないほど会議の場に立ち会ってきた。会議はうまく進行する。誰かの発言につられて次から次へと意見が出ない限り。

では、研修ビデオを再生してみよう。

「遂に行動に移すところまで来たと思ったんだ！　だけど結局またいつものパターンだっ

たよ。1つ頼んでもいいかな。明日、早めの時間に少し話をしたいんだけど」

ジェフは英国にいる旧知のクライアントからの文面を見て、電話に視線を落とした。ジェフは前の会社で長年サミーと一緒に仕事をしていた。サミーが新たな会社と仕事に慣れるまでの期間は、しばらく2人で話をすることはなかった。翌朝電話が鳴ったとき、ジェフは何が起こっているのか聞きたくてたまらなかった。

簡単な挨拶の後、サミーは早速本題に入った。「我々は数カ月間、この新製品の立ち上げに取り組んできた。僕は本当に楽しみにしている。個人的に話をしているときは経営陣の大半もそうだった。しかし会議が始まった途端、井戸端会議での情熱は沈黙へと変ってしまったんだ」。

ジェフは会議で何があったのか話してほしいとサミーに言った。「我々は新たな考えを共有しようと思って会議を開始した。これまで温めてきた新しいサービスを採用してくれそうな顧客グループがあることを示した。我々は既にこのグループのニーズに関して多くを学んだし、彼らはこのコンシェルジュレベルのサービスに喜んで料金を払うだろうと感じていた。僕はいつかの主要市場のいくつかの店舗でお試し用のプロトタイプを立ち上げさせてほしいとチームに働きかけてきた。しかし、会議というのはグラウンドホッグデー(訳注:春の訪れを予想する天気占いの行事。ここでは同じことの繰り返しを意味する)

のようなものだ」。

「詳しく教えてもらえるかな」とジェフは言った。

サミーは続けた。「僕は会議の場にいた。分析のプレゼンテーションをすると、ほとんどは頷いていた。会議中、否定的な意見はあまりなかった。会議のメンバーは僕以外に5人。その1人であるジョーが口火を切ったのは、ちょうどプレゼンテーションが終わってディスカッションに入ろうとしているときだった。『僕は賛成だ。コンシェルジュプログラムは大きなチャンスだと心から思うし、すぐに取り掛かる必要があるね』。それからレシュミが同様の見解を示した。『私もいいと思う。それに競合他社はこういうことを考えていないだろうから、一足先を行けるわ』。他の2人も頷いた」。

「だから僕は『良かった。チームにプロトタイプに取り掛からせるよ』と言ったんだ。今回は前進していると思っていた。本当にそう思っていたよ。その後、黙って座っていた5人目のモリーが言った。『サミー、1つ簡単な質問があるんだ。もう少し小さないくつかの市場でプランを考えてみてはどうか、皆考えたことはあるのかな。大きな市場で始めようとしていることはわかっている。それはすこぶる理にかなっている。でもこれを更に広範ないくつかの市場に展開する方法について我々は考えただろうか』」

ジェフにはその後の展開が読めた。

サミーは続けた。「『その通りだ、モリー。われわれの一定の売上が小規模な市場に由来することを考えると、その点について十分検討したとは言えない。ただ大きな市場でうまくいけば、それ自体が勝利だと我々は思っているんだ』」。

サミーはため息をついた。「水門が開いたのはそのときだった。アントニオが割って入り『モリーはいい点をついている。背後の事情を考えることは悪いことではなさそうだ』と言った。それからパウラが『賛成。それで損するわけではないし』と言った。そこでジョーが締めくくった。『サミー、数週間あげるからとことん考えみてはどうかな。その後で君の分析を検討すればいい』」。

サミーが受話器を取ってジェフに電話をかけたのはこのときだった。途方に暮れ、やめる覚悟をしていたのである。「率直に言って、今行動に移さなければ遅れを取り戻すのにお手上げ状態になってしまう。群集心理というものはなぜ思い切った行動よりも警戒と漸進主義を促す傾向にあるのだろう」。

「研修ビデオ」で描かれたこのエピソードは、ほとんどの人にとって身に覚えがあるものだと思う。世界中の組織でほぼ毎日起こっていることである。基本的な人的バイアス（私たちに言わせれば致命的欠陥）と組織的機能不全が組み合わさると、ほとんどの企業は、まだ「もし」の段階にいるのか「いつ」の初期段階にいるのかを問わず、出現するトレンドに対して早期に対応する機会を組織的に逸することになる。そして待っている間に唯一の選択肢が〝適応〟の選択肢のみになってしまうのである。

私たちはこの認知バイアスを冗談めかして「致命的欠陥」と呼んでいる。それが原因で文字通り人が死んでいるわけではないが、組織が破綻するか繁栄するかの違いを生むことはある。事業の見通しに意味ある影響を及ぼす微妙な（あるいはさほど微妙ではない）トレンドにうまく気づくことは、事業の大小、経済の新旧、仮想、実世界を問わずあらゆる企業に影響を及ぼす重要な基本的能力である。

企業が外部環境の根本的変化に直面したとき、リーダーには選択肢がある。ただし、意味あるトレンドを効果的に特定できることが条件である。その選択肢には、落ち目のトレンドに変わらず乗り続けること、出現するトレンドに適したビジネスモデルに調整すること、トレンドを作り出して優位性を創出することの3つが挙げられる。これらはいずれも間違った選択ではない。落ち目のトレンドに乗り続けることは、実は収益性の高い選択になり得る。たとえばタバコ部門を持つ多くの多角経営企業は、この部門を独立させて単体の企業にし、他の事業を行わないことによって、獲得可能な市場が毎年縮小しているにもかかわらず多額の配当を支払っている。この選択の問題は、ワインドダウン状態で終焉を

このトレンド分析は
我々に何かを伝えようとしている気がするんだけど。
TOM FISHBURNE

迎えるほとんどの企業が、意図せずそうなっていることである。その途中で優位性を創出する機会がたくさんあったにも関わらず。

ビジネスモデルを変えないという選択は、ワインドダウン企業、すなわち寿命が限られた、終焉を迎える企業になることを事実上選択していることになる。その企業は終わろうとしている。たとえ業界のエグゼクティブがその事実を認識していないとしても。紙の本の読者が減少する中でデジタルプラットフォームに移行しないことを選択する出版会社や、オンライン競争が激化する中で中核的提供価値を変化させない従来型のデパート（あらゆるものが一つ屋根の下にあるなど）がこの例である。ワインドダウン中に創出された価値の金額に最も影響を及ぼしそうな問いは、移行は意図された選択として実施されるのか、他の選択肢がすべて尽きたために不用意に実施されるのかというものである。

前著『ベストプラクティスを吹き飛ばせ（Detonate）』の最後で、私たちはポップアップ企業、すなわち予め消滅日を決めて設立され、立ち上げられた企業の価値について考えた。臨時の小売店、たとえば日本では限定商品を売る店、米国ではハロウィーンの衣装を売る店はこの好例である。ワクチン接種場所（執筆時において期待している）もそうかもしれない。このような事業体は自らの優位性を創出する方法として、非永続性を活用するという究極の手段を取っている。ポップアップというマインドセットの一部をワインドダウンの世界に持ち込むことは、予見性をもって終了するか、偶発的に終了するかを問わず、不確実な市場で活動する会社にとって重要なツールである。私たちの経験によると、ほとんどの経営陣はワインドダウン企業であることを避けたがっている。残念ながら、彼らは経営陣の他のメンバーとの間で論理的な対話を明確に行っていない。落ち目のトレンドに乗るべきか、必要な投資をしてビジネスモデルを発展させるべきかという点について明確な対話をすることは重要である。しかしながら、ほとんどの組織は致命的欠陥の結果としてこの対話を行っていない。

いずれの戦略的な進路にも、基本的に間違っているものはない。一定期間をかけて会社を終わらせることは、大きな収益性につながる可能性さえある。適応は非常に難しいかもしれない。しかし、失敗のシナリオとして1つ言えることは、外部状況からワインドダウンが避けられないのに、あたかも永続するかのごとく経営しようとすることである。認知バイアスと組織的機能不全が非常に有害である理由に関する最も重要な点がこれである。多くの経営陣は、トレンドを特定しないし、対話もせず、その結果、予測可能なパターンに陥る。出現するトレンドに適応すべきか、会社を終わらせるかを決定するための重要事項をリストアップすることを避けるのである。

適応のための最初のステップは外部環境の変化を見ることであり、第2のステップは対応を選択することである。変化の到来を見ることさえできない場合、対応方法を効果的に議論できる地点に達することはできないし、たとえ達したとしても他のバイアスによって行動が妨げられる。企業は、系統だった組織的盲目と不作為の前提条件を作り出す人的バイアスに気づかなければならない。認知バイアスをいくつか掘り下げてみよう。まずはトレンドを発見しにくくするバイアスである。

利用可能性バイアス（Availability Bias）

誰かが市場調査の結果を吟味している際、家族の好みを引き合いに出すたびにニッケル銅貨が1枚もらえるなら、ニッケル銅貨がたくさん貯まるだろう。おそらくあなたもこのような会議に出たことがあるにちがいない。誰かがこんな風に言う。「娘にサンプルを渡したけど、気に入らなかったよ」。彼の娘が製品を気に入らなかったことは残念だが、だからといって調査に欠陥があることにならないのは確かである。サンプリング規模の妥当性を評価しないことに加え、当の本人は利用可能性バイアス、すなわち心理的に利用しやすい例に依存する傾向に陥っている可能性があることも明確である。第1章の友人がコードカッティングの可能性を発見することが困難だったのも、単にそのコンセプトがその時点で彼にとって心理的に近寄りがたかったからである。

利用可能性バイアスがアメリカ政治の分断という現状に確実に寄与していることに気づかなかったら、怠慢ということになるだろう。ソーシャルメディアはエコーチェンバー現象をもたらした。そして我々はもはや他のアイデアやコンセプトに曝されなくなっている。結果として、よくない意味で「風変りな」または不均衡に「ずれた」他の視点を探してしまう。自分の先入観を裏づける情報が容易に入手可能である場合に、新たな情報を見つけること、あるいは異なる視点を採択することは、とても困難だ。

自己中心的バイアス（Egocentric Bias）

利用可能性バイアスは、ある人にとってどの情報がより身近であるかというものであるが、自己中心的バイアスは、ある人の過去の視点と一致するデータを重視しすぎる傾向である。なぜこれが重要なのだろう。世界はぬかるんだ場所であり、不明確なデータがしばしばたくさん存在する。自分の世界観と一致するデータを選び、使用する傾向が強い場合、自分の大局的見地に異なる視点を取り入れることがより困難になる。興味深いことに、バイリンガルの人は自己中心的バイアスを持つ可能性が低いことを示すデータがある。他者の視点に注意を払いつつ成長してきたからである。自分の世界観に合わない新たなトレンドがある場合、それを発見することは困難であり、対応方法に関する意思決定にそれを取り入れることはなおさら困難である（自己中心的バイアスは、グループに対する自分の貢献を過大評価し、他者の貢献を過小評価する結果を生じさせる傾向にもある。しかし、私たちはトレンドを見逃す原因という観点から、バイアスのその点にあまり関心を持っていない）（注3−1）。

情報が自分に影響を及ぼすと信じるときに脳は物事を記憶しやすくなるため、自己中心的バイアスが発達したのかもしれない。進化の歴史のある時点でこれは人の生存に有利に働いたかもしれない。現時点での世界観に明らかに繋がりのないデータを取り入れる人類の能力が低くなっているとすれば、それは我々の継承能力に挑戦していることになる。

情動ヒューリスティックバイアス（Affect Heuristic Bias）

このバイアスは、人が判断結果に対する知覚された効果を判断の根拠とすることを示唆している。ここで言う情動とは、刺激に関連する感情的反応（良い反応も悪い反応も）の大きさを言う。本質的に、情動ヒューリスティックとは、我々が主題に関する強い感情を抱くときに生じる「直感的」反応である（注3−2）。

新たなトレンドまたは遠く離れたトレンドに対する系統的盲目に関し、情動ヒューリスティックに責任の一部がある理由は、小さなトレンドは感情的反応を引き出しそうにないことである。第1章のエピソードにおいて、例のエグゼクティブは1・75％のセグメントに関心がなかった。なぜなら1・75％は彼の市場シェア全体と比べると圧倒的に小さかったため感情的反応が引き出されなかったからである。これは健康になろうとする人にも当てはまる。多くの人にとって、運動と聞いてすぐ思い浮かべることは、苦痛（強い否定的感情）であるが、潜在的な健康上のメリット（強い肯定的感情）は長期にわたり発生しない。

上記の3つのバイアスはそれぞれ、人が「もし」段階や「いつ」段階の初期にあるトレンドを見ることができないことに一部寄与している。トレンドは、リーダーが評価する利用可能な一連のデータの中にはないかもしれない。リーダーの視点と一致しないため軽視されているかもしれない。あるいは遠く離れているため感情的反応を引き出さないかもしれない。まとめると、「もし」問題は、誰か（通常、組織内で人騒がせとの異名をとる者）の感情的反応を引き出すまで組織内で提起されない傾向にある。断言することはできないが、私たちの強力な仮説は、何かが感情的反応を引き出しつつあるころには、トレンドは「いつ」段階（影響のオプションが限られているとき）の遠端にある可能性が高いということである。

トレンドが見えないという問題は、トレンドに反する行動を妨げる人間の傾向によって更に悪化させられる。よく知られたいくつかのバイアスには下記のものが含まれる。

現状維持バイアス（Status Quo Bias）

これは、変化より現状を好むというかなり単純なバイアスである。このバイアスに関する説明の1つとして、現状からの逸脱は何かを失うこととして理解されているということが言える。人は失うことをひどく嫌う。もう1つの説明は、現状というものは、理解し、維持するための認知努力をあまり必要としないが、変化について考えることはより大きな努力を要するというものである（注3－3）。

現状維持バイアスは組織的課題に適用されるときの鍵である。私たちの経験では、経営陣にまん延する行動は現状に根ざしているように見える。新製品の発売を検討するための経営陣の会議を想像してほしい。彼らは潜在的なプラス面に対して、それらの動きに伴うすべてのリスクを当然列挙するだろう。ほとんどの場合において、彼らは暗黙のうちに、現状によって特徴づけられるベースラインと比較している。たとえば、経営会議において耳にするかもしれない下記の典型的なリスクについて考えてほしい。

「予想通りの効果が出ないかもしれないし、競争相手からシェアを奪われるだろう」

「顧客は当社のブランドを評価しないかもしれない」

何をするにも、
事前に時間をかけて、
競合他社が同じような状況で
何をしたかを調査しよう。

「当社の販路はそれをストックしたがらないだろう」

「売上がそこまで伸びるはずがない」

「弁護士はきっと『だめ』と言うだろう」

もちろん、それらはすべて否定しようのない可能性であるが、暗黙のうちにリスクのない現状との比較が行われている。経営陣が現状維持バイアスを取り払うことはほぼないし、製品を発売しないことに関するすべてのリスク――もしかしたら競合他社の方が先に何かを発売するかもしれない、あるいは自分たちが発売せず競合他社が発売すれば将来顧客を失うのではないかというリスク――を評価することもほぼない。人が現状について考えるとき、現状からの逸脱を「損失」と位置づける傾向にあるのは当然である。言い換えると、現状を「流れ」の価値（時を経て評価されるもの）ではなく、むしろ「在庫」の価値（ある時点、すなわち現時点で評価されるもの）にしてしまうのだ。

自信過剰バイアス（Overconfidence Bias）

行動を困難にするもう1つのバイアスは、自分が正しいという可能性に過剰な自信を持つことである。人は自分が状況を正しく判断しているという可能性を過剰評価する。そして間違っているという見込みを過小評価する。複数の調査において、単語のスペルや一般常識問題に関する正誤の記述などの質問に対する回答を求め、その回答における回答者の自信を評価するという方法でこのバイアスが実証されている。系統的に、人は正しいという見込みを過大評価する。１００％正解に自信があるという質問の正解率はせいぜい90％であり、80％正解だと感じている質問の正解率は80％に満たない（注3－4）。

自信過剰バイアスと**利用可能性ヒューリスティック**を組み合わせたとき、人は馴染みのない可能性が見えず、現状のリスクを十分に評価できないため、自分の世界にまだ定着していない新たなトレンドの潜在的影響について、系統的に誤評価しがちであることが容易にわかる。典型的な人間である結果、トレンドを見逃し、却下してしまうのである。

組織的行動がこうした人の誤った考えを修正する傾向にあるのなら良いが、残念ながらそうではない。実際にはその反対であり、人がこうした傾向の犠牲になる可能性が強まり、増えるのである。組織の中で人的バイアスが強まる状況には下記の状況が含まれる。

会議でのきまり悪さ（Embarassment in meetings）

言うべき重要なことがあるが、皆の意見とは一致しないので、間違っていたらいけないという理由で口をつぐんでいた会議に何度出席したことだろう。あるいは意見の相違が発展し始めたときに誰かが割り込んで「会議の後で個別に話そう」と提案したことが何度あっただろう。会議の後で個別に話すというのは広く起こる現象であり、グループで難しい話題について話し合わなければならない場合におそらく人々をそこから救う現象である。うまくいった会議とは、誰もが賛成し、皆がすっきりした気持ちになる、あるいはボスが喜ぶ会議である。親しい友人の1人は、ボスを怒鳴らせないためにサマーインターンとしてある会議に連れていかれたことがある。インターンがいるとボスは怒鳴らないだろうとチームが推測していたからである。

私たちの見るところ、会議とは、重要な議題について協議し、議論する場というよりはむしろ、真面目な顔をして切り抜けるものである。これは会社の劇場であり、真の話し合いではない。誰も人前で異議を唱える必要がないよう、すべてが根回しされ、予定調和が図られている。率直に言って、私たちはアルフレッド・スローンの時代に生きていたらと思う。彼の有名な言葉がある。「この件に関する更なる話し合いを次の会議まで延期し、時間を取って異なる意見を形成することを提案する。そうすれば決定とはいったい何なのかをおそらく理解することができるだろう」。

経営陣が筋の通った異なる意見が提起される会議空間を文字通り作り出すことができなければ、そして出席者の決まり悪さだけではなく、うまくいった会議とは反対意見が出ないことだと特徴づけられるからであるとするならば、出現する脅威に気づき、議論することがますますできなくなるだろう。

きまり悪さを恐れるのは、ある種の組織的規模の損失嫌悪である。人は会議で間違っていると思われたくない。なぜなら組織文化は間違いを地位の喪失とみなす傾向にあるからである。

リーダーシップの認知幅（Cognitive bandwidth of leadership）

心理学に希少性効果と呼ばれる実証されたバイアスがある。人は豊富なものよりも希少なものに価値を置くというものである。かつて、会議の予定がびっしり書き込まれたカレンダーを持つのはまさに最高幹部のリーダーだけであった。今では組織の誰もが持ち得る。私たちは、会議の数は会議の予定を立てる困難さに逆相関しているという仮説を立てた。一般的なカレンダーソフトが出る前は、1日にわずかな会議しかなかったかもしれない。今では、ただ誰かのカレンダーにアクセスするだけで、開始時間やプロップや他の会議の有無を確認することができる。その結果、実際に仕事をし、考える時間は少なくなっている。作業に集中する時間を取り返す能力を提供するカレンダーソフトもある。考える時間の予定を立てる必要性がこれまでになく高まっているからである（注3−5）。

実際これは何を意味しているのだろう。またトレンドに気づく能力とどのような関係があるのだろうか。時間は希少な資源になった。私たちは、会議に飽きるといつもあるゲームを試すことが好きである。いつ、誰かがたまりかねて「時間の都合で」と（あたかも時間が会議への代理出席を必要とする株主であるかのように）言うかを予想するゲームである。それぞれ、そのセリフが出る正確な時間を当てようとする(たとえば6分で言うだろうとか、3分で言うだろうなど)。協議と議論に費やされる時間は短くなる。参加すべき別の会議があるからである。「これは本当に重要な問題だから、皆さんに他の会議があることはわかっていますが、もう少し時間をかけましょう」と誰かが言うのを聞いたことはほとんどない。話し合いは鎮圧される。

これはほとんどの上級リーダーにとって特に問題である。彼らの日々は会議、出張、会食で埋まっており、自分の時間や考える時間はあまりない。マイケル・ポーターとニティン・ノーリアはハーバード・ビジネス・レビュー(Harvard Business Review)で次のように書いている。「CEOはいつもオンであり、常にすべきことがたくさんある。私たちが調査したリーダーの平日の労働時間は平均9・7時間であった。また週末の79%を1日平均3・9時間、休暇の70%を1日平均2・4時間、仕事に充てていた。これらの数字が示すようにCEOの仕事は過酷だ」(注3-6)。その結果、彼らは将来について、また事業が将来直面するかもしれない課題について考えるための十分な時間がほとんどない。あまりにも多くの組織が緊急という絶対権力によって支配されている。

コミットメントのエスカレーション傾向 (Escalation of commitment tendencies)

現状維持バイアスはおそらく、否定的な結果が増えている選択に対するコミットメントのレベルを高める傾向として表出する。この古典的なビジネスの例は、ブロックバスター社による悪名高い選択であるが、それは顧客が動画配信という新たなモデルを好むという証拠が増える中でも、動画配信事業に対抗してレンタルビデオショップ事業を継続することを宣言する選択であった。それよりはるかに犠牲の大きいコミットメントのエスカレーションが起こり得るのは軍事紛争である。ひとたび軍事行動が始まれば、一方が敗北するまで縮小することは困難である。

組織的礼儀と完全一致への希望 (Organizational politeness and desire for full consensus)

もう1つの組織的傾向は、人は集団では過剰に礼儀正しくなることができ、会議中に厳しい駆け引きをしたり、誰かを困らせたりしたがらないということである。これはおそらくきまり悪い思いをさせたくないという現象の裏返しだろう。しかし現実には悪いアイデアもある。それ自体は悪くないが、明らかに現実的ではないアイデアもある。しかし、私たちの観察によると、そのアイデアがなぜ悪いのか、あるいは現実的ではないのかについて正直に言うよりもむしろ、集団は、更なる調査もあり得ることを示唆して礼儀正しさを保とうとする。それによって最適経路における行動が遅れ、基本的に価値がないアイデアに資源が費やされるという意図せぬ結果が生じるのである。

ここで、すばらしい経営判断とイノベーションの重要な特徴ともいえる、「悪いアイデア」と「重要で、善意に基づく反対意見」との違いはどう見分けることができるだろうかという疑問が自然と生じる。どうすれば、皆が重要な修正やインスピレーションの源になりうるアイデアを提案する力を得たと感じるようにできるだろう。

これについては第4章で更に検証する予定である。しかし、見通しがあるというだけではなく、見通しの基礎となる理論を理解することは重要である。この課題に対応するお勧めの方法（「会議の後で個別に話そう」によって論争を避ける、あるいは不必要に仕事を増やすことに同意するという方法よりはるかに優れた方法）は、ＨＢＤ（といってもハッピーバースデーではない）のゲームをすることである。ＨＢＤは、直感（Hunch）、バイアス（Bias）、データ（Data）を意味する。混乱を生じさせないように言うと、このゲームでは、バイアスの意味は認知の種類を言うのではなくむしろ、個人の傾向をいう（たとえば、ジェフのバイアスは皿から物を取り出し、二度と触れないことである。スティーブのバイアスは何かについて徹底的に話すことである)。

このゲームでは、アイデアを提案する人にそのロジックも提示するように依頼する。そのアイデアが直感でも、バイアスでも、データに基づくものでも良い。バイアスであるなら(たとえば、単にもっと学びたいだけなら)、あるいは説得力のあるロジックのない直感であるなら(「私にはそんな風に思えるだけ」というなら)、幅広い意見の一致を踏まえて前進すべきであることをグループに知ってもらうのがフェアである。しかしロジックに説得力があり、実際の観察やデータに基づいている場合、グループは熱心に検討をすべきである。完璧な対抗手段ではないかもしれないが、これは、特に多様な声から反対意見を出させたいという困難な課題の解決に役立つはずである。多様な声はグループ内であらゆるアイデアを批判しなければ納得できる対話だと感じられないかもしれないからだ。時の経過とともに、グループはすばらしいロジックを持つアイデアに価値を置くことを実証しなければならない。

組織的好奇心の構造的破壊（Structural dismantling of organizational curiosity）

最後の致命的欠陥は、多くの組織が有事の際の探索的学習に十分な予算を与えない、あるいは全面的に削減する傾向にある。これは頻繁に起こり、ほとんどパターン化している。予算シーズンが始まると誰もが顧客とその環境について現地に出向いて学ぶことが重要だという。しかし、シーズンが終わるころには、誰かがこの支出は翌年の収益に直接結びつかないと指摘し、ボツになる。取引する顧客や市場に興味がないと言うリーダーはいないだろう。しかし、ほとんどの組織はあたかも興味がないように振る舞う。最後までやり通さないのなら、興味があると主張することはできない。積極的に見ていなければ、価値ある何かをするための新しい重要なトレンドが地平線上にタイミング良く見えることはないだろう。

これまでの話をまとめると、結局どうなるのだろう。組織には、市場で起こりうる影響の大きいトレンドを見ることにさえ偏見を抱く人がいるが、それは単に人間であるという性質によるものであって、無能であるからとか悪意があるからではない。彼らはトレンドを確認すると、それがビジネスに重要であると考えることに偏見を抱いており、完全に軽視する傾向にある。トレンドが提起された場合、それに対して有意義な措置を講じることに対して相当の組織的妨害が生じる。

すなわち、人間の傾向と組織的機能不全との動的相互作用によって、系統的盲目が生まれ、組織にとって潜在的活動の場が減少する。可能性に気づくことができなければ、組織は、市場が最底辺にまで縮小した後、暗黙の内に無関係な事柄の検討に転げ落ちる「ワインドダウン企業」戦略を追求することで終わるという可能性が高まる。

しかし、企業が適応し、繁栄する戦略を追求する方法は存在すると我々は思う。次の章では系統的な個人の盲目に対応する方法に関する基本戦術について検討し、その後第II部ではより深く、Provoke のための戦略に注意を向ける予定である。

第4章 周辺視野を広げる

「もうこれ以上無理だ。疲れた。人事部に行って、配置転換してくれるよう頼んでみるよ」

ウィリアムは苛立ち、不満を感じていた。彼は勤務先の消費財企業でトップレベルの成績を誇るベテランだった。しかし、新しい上司が、前の上司とまったく違うタイプだったのである。ウィリアムは新しい上司との先日の対話について社員食堂でスティーブに報告していた。スティーブはウィリアムと何年も一緒に仕事をしてきたがこんな彼を見たことがなかった。その対話はスティーブにとって負担だった。彼は周囲の人に不愛想になり、目に見えて苛立っていることが多くなっていた。明らかに彼らしくなかった。

ウィリアムはいつも、相手に対して非常に自信溢れる態度を取っていた。威張っているのではなくきわめて有能であった。ミーティングのとき、彼は巧みに会話の方向をコントロールしていた。人の話は聞くが、いつも自分の思う結果に導いた。彼は、他の人とミーティングをするときはいつも（相手が上級職であればなおさら）、達成したいことに関して明確な目的をもって臨んでいたし、ほぼ常にそれを実現していた。

新しい上司であるベスとは事情が違っていた。噛み合わない会話がひとしきり続いた後、彼は不満を抱いてその場を離れた。スティーブはこうした場面に何度も立ち会ってきたが、会話が気まずい内容だったとか、デリケートな内容であったことはなかった。しかし会話はあらぬ方向に進んでいるように見えた。

「わからないよ、スティーブ。我々は彼女に以前頼まれた通りのものを持っていった。なのに、トワイライト・ゾーン（Twilight Zone）（脚注：アメリカのSFテレビドラマ）にいるような気分になった。彼女の依頼したことがすべて、どうもこの2週間で変わってしまったような感じだ。ベスはＬＩＦＯ（Last In First Out：後入れ先出し）だと、皆いつも言っていたけど、その意味がわかるよ」（これは組織の誰かが、直近の会議で聞いたことを繰り返すシニアエグゼクティブについて言い出したジョークであった。最後にオフィスで起こったことが最初に口から出るという意味である）。「しかし、この行ったり来たりは死ぬほど辛いよ。前進しないのだからね」。

スティーブは何かが変わらなければならないと思った。ウィリアムがベスに腹を立てていたように見えたからではなかった。実際、スティーブの見たところ、ベスは仕事に熱心だし、穏やかで、ウィリアムの仕事ぶりに対して感謝の気持ちを表していた。しかしウィリアムがベスにイライラを募らせていたことは次第に明らかになっていき、ミーティングのたびに漏れ始めていたのである。彼はベスに、遠まわしな言い方ではなく注意喚起するようになった。「何回か前のミーティングで提出しましたが、覚えていますよね」。あるいは彼女のアイデアは役に立たなさそうだということを伝えるために「我々もそれを考えてみたのですが、ボツにしました。なぜなら……」と言ったりした。ベスはたいてい聞いていたが、ウィリアムの度重なる反論にめげることはなかった。彼女は微笑み、こんな風に言ったものだ。「もう一度この方法で見直してみましょう。私の顔を立てて」。

実際、彼らは堂々巡りをしていた。ウィリアムはベスが優柔不断だと感じていたし、ベスはウィリアムを直線的だと感じていた。何かが変わらなければならなかった。私たちはウィリアムに、2人を知る人で、「生産的対話（productive interactions）」の研修を受けた人に相談するよう提案した。2人を知っていた人、すなわちディプティは、彼らがその対話で何を達成したかったのかについて、それぞれと個別に話をした。結局、ベスはまったく気を悪くしていないことがわかった。彼女は対話がうまくいっていると思っていた。ただウィリアムが何かに苛立ちを募らせていたことに気づいてはいたが、指摘する気はなかった。ディプティは、自身の経験と訓練に基づき、彼らのミーティングでの振る舞い方について興味深い洞察を得た。ここで詳しく述べるつもりはない（活動の優先傾向を比べる道具はたくさんある）が、ディプティは他者と対話をするときに従うべき暗黙のルールを探す訓練を受けていた。

ディプティはウィリアムが閉鎖的な対話を好むことを見抜いた。閉鎖的な対話では、会話の主導権を持つ人が対話を推進する。重要なことは組織内での立場ではなくむしろ、会話における主導権である。そしてウィリアムは情報をもって来ていたため、自分が主導権を持つべきだと考えた。しかし、その場合、彼はこの閉鎖的傾向ゆえにベスから次にこうしてほしいと言われると、ただ従うことになる（注4－1）。

他方ベスは成り行き任せの傾向が強かった。すなわち形式的に構成されていない会話を好んでいた。誤解を呼ばないようシンプルに成り行き任せであることと開放性を好むことを混同すべきではない。開放性を好むことは、誰もが組織的に参加できるようにすることである。

どちらが本質的に良いとか悪いとかいう問題ではない。ベスのように成り行き任せの性格の人は、問題解決に創造力を要する状況に強い傾向があり、閉鎖的な人は、やり遂げることが重要な状況に向いている傾向がある。しかし、問題は、こうした異なる行動様式の間で、すなわちウィリアムとベスとの間で交わされる対話が、ますます非生産的な関係の前提条件を作り出していたことであった。結局のところ、ベスがやりたかったことは問題を探求することであり、彼女はそれをやったので満足していた。彼女はミーティングで何かを決定していたのではなく、探求していたのである。

しかしウィリアムは、彼の傾向に基づき、またこれまで一緒に仕事をしてきた人たちの予想に基づき、ベスの黙想を「これが私の望むもの」という意味に解釈した。そこでウィリアムは次のミーティングの前にはっきりした行動命令が出るだろうと考えながら会議を後にした。ベスは、興味深い会話ができたと考えながら会議を後にした。解決に至るまで問題の探求を続けるのだから、ウィリアムには次の会話までに今日の会話についてもう少し考えてほしいと思いながら。

問題は、お互いのプロファイルが見えないことであった。ディプティは、彼ら2人と一緒に話したとき、それぞれが達成したかったことをもっと相手と共有するよう明確な指示を与えた。ベスには、「探求」モードに入っているときはそれをはっきりさせるように言い、ウィリアムには、ベスの発言を決定と捉えるべきか、単なる独り言と捉えるべきか彼女に確認するように言った。それぞれのアプローチの違いに名前を付けただけで、ベスもウィリアムもこれまでとは違う気持ちでミーティングに向き合えるようになった。なぜなら彼らは今、相手が何を考え、経験しているのかがある程度わかるようになったからである。

介入の前は、ベスもウィリアムも彼らの組織も、異なるアプローチのメリットを得ようとしていなかった。むしろ、それが停滞を生じさせていた。致命的欠陥が妨げになっていたのである。ディプティの介入によって、致命的欠陥に積極的に対応するための可視性を作り出すことにより、前向きな道が示されたのだ。

この章では、会社がこうした欠陥に対応するためにすぐに始めることができる比較的明快な（ただし簡単ではない）方法を探求してみよう。その方法はあなたが採用することのできる戦術であり、あなたの、そしてあなたの組織の周辺視野を広げてくれる。その結果、あなたは活動の場をもっと知ることができ、それによって「もし↓いつ」のトレンドに気づく可能性が高まり、自ら未来を創り出す戦略を実行する準備を整えることができるだろう。

多様性の包摂

組織の周辺視野が狭くなることに対する最良の対抗手段の1つは、多様性の包摂である。簡単に言うと、多様性を有するグループほど、複雑な問題の解決や新たな可能性の創出に向いている。それを更に紐解いてみよう。

ハーバード大学教授であった故クリス・アージリスは、生産的意思疎通に関する一連の著書において「推論のはしご」と呼ばれるメタファーを作り出した。このコンセプトは、誰もが目にしたことのある奇妙なクリップアート作品の1つである、プールのはしごに由来している。プールは、誰にでも利用可能な情報やデータのプールを表すよう意図されている。アージリスが発表した考えは、人は結論に至る際に利用可能なプールからあるデータを選択し、その後、学習した発見的問題解決法と経験に基づく独自の世界モデルを使ってデータを解釈するというものである。

アージリスが推察した最も説得力のある理論の1つは、人はデータやデータの解釈を共有するよりもむしろ、結論レベルで相手と話をすることが多いということであった。結果として、人は反対意見を述べるとき、ただ単にそうしているのかもしれない。なぜなら異なる結論に導いた基本情報を見ていないからである。アージリスなら、より生産的な対話はまず質問をして相手のはしごを引き抜くことから始まると言うだろう。それにより、世界に関する（直感でもバイアスでもなく）データに違いがある場合、その違いを比較し、テストすることができる。こうした対話の方が生産性が高いのは、各個人が自らの世界モデルにどのようなデータを持ち込んでいるかを探求することによって、相手と世界に関する理解が促進されるからである。

ここで重要な点は、関与する2人の利害関係者が異なる方法で世界を見なければならないということであり、このコンセプトを「認知的多様性」という。ここ数年で、問題解決および予測に関連する認知的多様性のメリットに関し、多くの研究が行われた。この章全体にわたって、ミシガン大学教授であるスコット・ペイジの著作を頻繁に引用する。スコットは大変親切な人で、何時間もかけて彼の研究について話をしてくれた。また、彼とノースウエスタン大学の教授であったキャサリン・フィリップス（悲しいことに2020年1月初めにあまりにも早く逝去された）およびダラスのテキサス大学教授であるシーン・レヴァインとの共著も引用する。その著書は根底において、問題解決には多様性の高いグループの方が向いていることを集合的に（ペイジが私たちと対談したときの言葉を借りれば「数学的に」）示している（注4-2）。

多様性が問題解決に及ぼす影響の好例は、投資ポートフォリオにおける多様化である。単にいくつかの個々の証券に投資するよりもむしろ多様なポートフォリオに投資することによって、投資家は、それに関して期待されるリターンを維持しつつ、有意義にリスクを減らすことが可能になる。多様化による事実上のボーナスであり、ボーナスはリスクの減少である。株価は多くの理由で変動する。しかし、大まかに言うと変動は2つのカテゴリーに分類される。市場リスクと会社固有のリスクである。アイスクリーム会社はすべて、同じ市場リスクに曝されている。たとえば冷夏になるとアイスクリームの需要は減る。会社固有のリスクとは、うだるように暑い夏、他社が皆繁盛しているときに供給を脅かすような労使関係かもしれない。

ポートフォリオに多くの証券が含まれる場合、会社固有のリスクは分散される傾向にある。アイスクリーム工場でのストライキなど、悪運に見舞われる会社もあるが、新たなフレーバーを発見し、ヒットさせる会社もあるかもしれない。傘会社とアイスクリーム会社の両方に投資することもできるため、悪天候の夏のリスクをヘッジすることができる。したがって、多様化されたポートフォリオにおいては、低いリスクで同じ平均的リターンを得る傾向にある。それがボーナスである。

複雑な問題を解決するグループにも同じ考えが当てはまる。ある問題に取り組むグループを多様化すると、正しい答えが得られる可能性が高まる。これは数学的にどのように機能するのだろう。スコット・ペイジは次の計算式を使って説明している。

グループのエラー＝個人の平均エラー－多様性

リモート会議中、スコットは、テレビドラマ「ＣＳＩ：科学捜査班」のエピソードを直接挙げて、多様性が問題解決に与えるメリットを説明した。１人の証人から話を聞くだけでは、問題の犯罪に関するアングルは１つしか得られない。１人か２人の容疑者を排除できる程度である。しかし、目撃者を増やし続ければ、１人ひとりが犯罪に関する異なるアングルを持っているため、次々と容疑者を排除することができ、犯人を見つける可能性が高まるだろう。しかし、同じアングルから犯罪を見た多数の目撃者から話を聞くと捜査は進展しにくくなる。

私たちは、これが認識しうる問題のみに役立つのか、あるいはグループが新たな可能性を生み出そうとしているときに役立つのかという点についてスコットに疑問を投げかけた。わかったことは、いずれも正解であり、すばらしいメリットがあるということだ。スチュアート・カウフマンは、生物学の分野で「隣接可能性」という用語を作り出した。会話中、私たちはそのコンセプトを機会発掘に当てはめた。わかったことは、グループが多様になれば誰もが異なる視点をもたらすことで、より多くの可能性が生まれるだけでなく、そうした異なる視点によって多様性のメリットがなければ現れなかったグループ内に潜む隣接アイデアが現れることである。

スコットは以下の例を示してくれた。ある会社が次の製造工場をどこにしようかと考えており、ペオリアとスプリングフィールドのどちらが良いか、グループの2人が議論している。誰かが会話に割って入り、「ベルリンはどう」と言う。突然、ある問題についてこのように新たな枠組みができることにより、最初の2人の参加者の枠組みが広がる。彼らは米国外の可能性を考えていなかったからである。ドイツ出身の家族を持つある参加者は、ハンブルグはすばらしいアイデアだから検討すべきだと指摘する。そのことが3人目の参加者に別の可能性を開く。この人は最近ヨーロッパを旅行したときに、ポーランドから来た製造業に対する政府の助成金にまつわる話を聞いたことを思い出した。それでワルシャワが候補地リストに加えられることになる。1つの隣接可能性が更なる近隣可能性への連続性を作り出したのである。

アージリスの言葉と非数学的で論理的なアプローチを活用すると、グループは認知的多様性から恩恵を受ける。なぜならグループの1人ひとりが個人的バイアスに基づいて異なるデータを選択し、経験と学習した発見的問題解決法に基づいて異なる方法でそのデータを処理し、異なる結論に達するからである。グループが生産的に対話をする（すなわち互いの話を聞き、重要な違いを引き出す）限り、対話の性質上、グループはより多くのデータを見て、複数の方法で処理するはずである。それにより1つであるか複数であるかを問わず、正しい回答に到達する可能性ははるかに高まる。

認知的多様性が、組織がしばしば関心を持つ多様性の種類、すなわちアイデンティティーの多様性にどのように結び付くかを示す例がある。認知多様性とは人が問題を処理する方法の違いのことであるが、そのような個人の発見的問題解決法とは、人が持つさまざまな経験、すなわちどこで育ったか、何を教えられたか、どのように生きてきたか、何を見たか、これらの経験を通じてどのように感じたかといった事柄の産物である。それらはすべて、多様性の古典的基準、すなわち肌の色／人種、民族、性別、出身国／出身地、性的指向、宗教、社会経済的地位などによって大きな影響を受けている。これらすべてが、1人ひとりに異なる方法でデータを選択、処理させ、その結果、1人ひとりが問題に対処する際に異なる方法が生まれる。すなわち、多様性の古典的基準は認知的多様性につながる可能性が高い。

私たちが多様性を支持するのは意思決定において効果的であるという理由だけではないことを明記しておきたい。多様性、公平、包摂にはすべて、深く道徳的な側面があり、それは手元にある目先の業務上の問題の解決と同様に、あるいはそれ以上に重要である。

多様性そのものが、組織の周辺視野を狭くする致命的欠陥に直接対応するための明確な方法であるが、一晩で対応できるようなことではない。しかし、組織がすでに持っている多様性を利用するためにできることはある。

インクルージョンを促進するための生産的対話を教育する

残念ながら多くの組織において、マイノリティと女性は、白人男性の同僚ほど、声を上げて自分の考えを述べる力を与えられていないと感じている。結果的に、組織はすでに持っている多様性のメリットを受けていない。なぜだろう。多様性のメリットを受けるということは、選ぶデータとデータ処理の仕組みが問題解決方法に含まれていなければならないことを意味する。これらのグループが自分の考えを述べる気がしないと感じる場合、グループは自らの視点の恩恵を受けられない。これを克服するために、アージリスの教えは人々に見解の主張と質問を組み合わせるよう訓練している。その目的は、グループの各メンバーがデータと結論に至った経緯に関する理論を共有することで、わかったことについて自発的に見解を主張するようにすることである。しかし、重要なことは、他者のデータと理論について質問するときには他者の世界の感じ方を学ぶ意思を持つことである。これは学習によって得られるスキルであり、完璧に習得するには一生かかるが、会議前のちょっとした注意喚起だけでも大いに効果がある。「私は聞く価値のある視点を持っている。しかし何かを見逃しているかもしれない」と自分に言い聞かせるのである。生産的対話の教えに従って行動することは、包摂性を促進するための優れた方法である。

専門家たちを慎重に混成する

前著『ベストプラクティスを吹き飛ばせ（Detonate）』にも書いたように、「初心（beginner's mind）で取り組む」は頼もしいツールである。組織は、何かが正しく行われるのを望むとき、専門家に助けを求める傾向にある。たとえば、予算執行を主導する財務チームや、評価システムを主導する人事担当者、会社の方向性を作る戦略チームなどである。結局のところ、主題の専門家だけで構成されたチームは、従来の専門家と他の職務スキルを持つ人との混成チームに及ばないこともある。私たちが適用してきた同じ論理はこの状況においても維持される。専門家をもう1人加えることによるメリット増は小さい。なぜなら彼らは似たような発見的問題解決法と問題解決モデルを持つ傾向にあり、お互い同じデータを選ぶ傾向にあるからである。異なる発見的問題解決法を持つ人は、結果をより良くする異なる情報を提供する可能性が高い。スコット・ペイジは、エコノミストと他の専門家の混成チームを作ることにより、実際により良い経済予測を行うことができることを示している。このような多様性は、他の問題にも当てはまるはずである。重要で複雑な仕事を抱えている企業では、多機能なチームによる人材確保を心がけるべきである。

「同一性という誘惑の声」を強める活動を回避する

シーン・レヴァインが造ったその言葉に向き合ってみよう。我々人間は、全員が共通して持っているものを探す傾向にある。初めての人と会うとき、同じ学校に通っていたか、同じスポーツをするか、あるいは同じ人を知っているかを把握するといったことが、通常、雑談の中心になる。特に好きになりたい人とは、関係を築きたいという自然な希望がある。そして好きになることはしばしば共通項から始まる。

残念ながら、この傾向には帰結がある。たとえば、標準的な就業プロセスについて考えてみよう。まず、申し込むことができる求人の機会に辿り着くためにネットワークを作ることが必要になるかもしれない。何か共通のこと（同じ学校に通っていたなど）がある方が紹介してもらえる可能性が高くなる。たとえば、一流校の出身者がその証として同窓生ネットワークについて話すとき、それは暗黙の提供価値でしかない。山のような履歴書の中から候補者が面接に漕ぎづける。標準的な面接プロセスに成功する候補者は、ここでもまた不釣り合いなほど共通項に頼ってコネを築くことができる者である。結果として、組織がチームを作るために実施する典型的な活動は、実際には多様なチームを持つことに反して機能することになる。

これは、すべての組織が対応すべきであり、対応することができる問題である。すでに進歩しつつある組織もある。多くは、評価プロセスの中心であった標準的な対話型面接から離れつつある。たとえば、グーグルは、候補者にオンライン評価を受けさせ、就業前にプロジェクト作業を完了させている。面接をしなければならない場合、社員（通常、経験年数を盾に面接方法なら知っているよと主張する年長者）がぶっつけ本番でやることを避けるためにルールを定めることが必須である（注4－3）。

「思考の柔軟性」を積極的なリーダーの特徴にする

フリップフラッピング（急転換）という言葉を聞くと、ある年齢層の多くは2004年のジョージ・W・ブッシュとジョン・ケリーとの大統領選を思い出すだろう。ブッシュの選挙運動における主張の1つは、ケリーが多くのさまざまな問題に関して時が経つにつれ立場を変えたというものであった。陣営は、たとえば彼が最初はベトナム戦争を支持したが、その後反対したと非難した。彼らはこれをリーダーシップの資質が乏しいと位置づけていた。良きリーダーは確固たる信念を持ち、時を経ても立場を変えないものだと示唆した。彼らは更にブランド戦略を固めるために集会でフリップフラップ（パタパタ鳴るもの）を配ったりもした。ブッシュが2004年にケリーを相手に再選を勝ち取ったことに関し、これが本当に役に立ったのかどうかはわからない。しかし選挙運動の最も記憶に残る部分の1つであることは確かである。

強いリーダーは立場を変えない（敢えて言うなら学ばない）という考えは一掃しなければならない。説明のないフリップフラッピングが望ましいリーダーの特質であると言いたいわけではない。変更の根拠なく問題に関する意見を常に変えても、組織に二重の損害を与えることになるだけであり、人々はうんざりして違うものを信じようと決心する。しかし、新たな情報がある場合のフリップフラッピングは、自分の考えを説明可能な方法で柔軟に変えることであり、加速する変化における間違いなく優れたリーダーの印である。

むしろ私たちは、リーダーは理想と信念に常に取り組み直せる状態にある必要があると考えている。前著『ベストプラクティスを吹き飛ばせ（Detonate）』の中で、戦略には予め決められた有効期限がないことを指摘した。戦略はデリミート（調理済みの肉）ではない。しかし時が経つにつれ、戦略は新鮮でなくなる傾向がある。良き戦略策定プロセスとは、戦略の成功に不可欠な「重要な条件」を明らかにすることである。私たちの友人であり、同僚でもあるロジャー・マーティンは、効果的な戦略に関してたずねるために「真実でなければならないもの」の論理的テストを考案した。優れたリーダーは、組織が成功するために真実でなければならないものに対する直観的センスをもっており、その状況が外部環境変化においてもやはり真実であるかどうかを常にチェックしている。彼らは自らが作り出したビジネスモデルを破壊するかもしれないものに目を光らせている。何かが変わり、ためらいが生じたら彼らは恐れず変化する。あなたのビジネスモデルが内部崩壊のリスクに曝されるとき、リーダーが意見を変えることは非常に良いことである。

トラブルに真っ直ぐ向かうコースを取り続けることは、巨大な氷山に向かって自信満々に航海しているようなものである。それがどのような結果になるか、我々は皆少なくとも1つの例を知っている。もちろん、予定していた経路に関する新たなデータや異なるデータに直面してコースを変更することはこの世界では至極当然である。優れたリーダーに、コースにとどまるよう強制するべきではない。船長が船とともに沈まなければならないからである。我々は、次のように言う勇気を持つ怖いもの知らずのリーダーを賞賛することを学ばなければならない。「その通り。私はある特定の行動指針を支持してきた。しかし、新たな学びの結果として考えを変えた」。それは良いことでなければならない。学ぶことはクールであり、失敗はクールではない。

そうは言っても、変更に関する論理的根拠を共有することは常に重要である。生産的対話に関する教えの中で、アージリスは話をしている相手に結論を解釈する余地をあまり与えないことの重要性について述べた。代わりに、元となったデータを共有することにより「推測のはしごを下りる」よう示唆している。優れたリーダーは、ある特定の行動指針に関する概要を変えるかもしれないものに常に目を光らせるだろう。彼らは何かを見たとき、単に「左に進め」と叫ぶことはしない。発見したことを明確に共有し、自分が見ているものを他者にも見せるだろう。

悪魔の代弁者（Devil's advocate：敢えて反論する人）を指名する

グループに反対意見を意図的に注入する1つの方法は、特に重要な問題に対する決定が下される会議のたびに、「悪魔の代弁者」を指名することである。悪魔の代弁者は、そうしなければ議論が行われないだろうと思われるグループに議論を行わせる精神に基づき、反対の視点を意図的に主張する者である。

このアイデアのルーツはカトリック教会にある。16世紀にカトリック教会は列聖に異議を申し立てる教会の法律家を指名していた。かなり単純に見えるが、経験上、こういうこ

私に「悪魔の代弁者」役をやらせてください。
この開発が懸念すべきものになりそうだと提案しましょう。
TOM FISHBURNE

とは滅多に起こらないとわかっている。起こったとしても、それは通常、実際に異なる視点を持つ人が会議室内にいるからである。それは良いことであるが、その人が常に「厄介な人」である場合は例外である。なぜなら、時が経つにつれ、その人の視点は、「しょせんトムの言うことだから」とグループに軽視される傾向にあるからである。よくある例は、代替的見解を持つ人がきまり悪さを恐れて発言しないことである。このような傾向に対抗するための良き慣例は、会議の開始時に誰かを指名して反対意見を述べる役割を正式に演じさせることである。いつもトムの発言を当てにすることはできない。

悪魔の代弁者の指名に際しては、3つの

重要な基準を満たすべきである。第1に、いつも同じ人を指名することはできない。理想としては、役割を交代制にし、最年長者から最年少者まで誰もがいずれはその役を演じるようにすることである。さまざまな意見を聞くことは実務を効果的にするために重要である。その方法であれば誰も、練習に参加できなかったと疎外感を味わうことはない。

第2に、指名された悪魔の代弁者は真剣に受け止め、「まあ、私自身が心からそう思っているわけではないのですが、悪魔の代弁者を演じているので、代替的見解を述べたいと思います」などと言わないことが重要である。自分の発言内容をさも信じているように演じなければならない。それに尽きる。本物ではないと思われたら、この取り組みは失敗する。

第3に、最後まで役になりきって演じなければならない。そうしなければ、暗黙の意図と意味が非常に紛らわしいものになってしまいかねない。「では、少しの間、悪魔の代弁者を演じます」という出だしは止めにしよう。表面的には生産的に聞こえるかもしれないが、少なからず、後に続く発言がすべて軽視されることがわかっている。「ええ、もちろん私自身が実際にこれを信じているわけではありませんが、皆さんのやり方を見ていましたから。さあ、悪者のふりをして反対意見を述べましょう」という含意が透けて見えるからである。

暗黙の組織的インセンティブに対応する

リチャード・セイラーはシカゴ大学教授でノーベル賞を受賞した経済学者であるが、自分の考えを前もって言う人が意図せぬインセンティブを作り出してしまい、望む結果を達成する可能性が低くなるという状況を説明するために、古典的な「プリンシパル・エージェント問題」の変形として「能無しプリンシパル問題」というアイデアを生み出した。この一般的な例は、マネジャーがもし失敗したらキャリアにリスクが生じると感じるために、有意義な昇進の可能性があるにもかかわらず、リスクを伴うプロジェクトに取り組みたがらない場合である。セイラーはこれを「能無しプリンシパル」問題と呼んでいる。なぜなら、マネジャーたちにこうした考えが生まれる経営システムを設定したのはリーダーだからである(悪いインセンティブの意図せぬ結果、と呼んでもいいかもしれない)。経営システムは、実際に機能する優れた戦略を立てる際のおそらく最も重要な、しかし最も見落とされているものである。経営システムとは何か? 社員の行動の原動力となるさまざまな組織的選択のすべて、文化、評価システム、予算、組織設計、コミュニケーションなど、無数の可能性がある。

セイラーが「能無しプリンシパル」について話すとき、彼はエグゼクティブが愚かさから行動する状況に関して（のみ）語っているわけではない。エグゼクティブが望む結果に対して明晰で、達成に向けたインセンティブの設定に適切な意図を持っている状況についても語っている。機能停止が起こるのは、そのエグゼクティブが、動機付けされた行動から望む結果まで、説明もなくあまりにも多くの論理的飛躍をするときである。たとえば、アイデアが多いほど市場で成功する可能性も高まるという推定に基づき、ファネルのフロントエンド、すなわち初期段階のアイデアの量を満たす動機付けのためにイノベーションシステムが設定される場合、その設定への移行を許可した「プリンシパル」は意図せぬ結果を考慮すべきだろう。システムが大量のアイデアの仕分けに身動きが取れなくなっているために、1つか2つのすばらしいアイデアを市場に出す時期が遅れることになったらどうなるだろう。あるいは組織リソースがアイデアの商品化ではなくアイデアの収集に集中するように向けられたらどうなるだろう。あるいは単純な「Garbage-in/Garbage-out（訳注：不完全なデータを入力すれば不完全な答えしか得られないの意）」の犠牲になってしまったらどうなるだろう。リーダーは、目的に適う結果を得るための正しい行動インセンティブを確実に設定するために、システム設計の達人になる必要がある。

匿名会議を試みる

インターネットが教えてくれことが1つあるとすれば、人は身元がばれるリスクがなければ残酷なまでに正直になれるということである。インターネット上のコメントの世界は単なる不作法と露骨な暴言との間を揺れ動いているように見えるが、そこでの人の振る舞い方から学べることがある。

特に議論を引き起こす話題に関し、組織のリーダーは、多様かつ率直な意見を醸成するために会議中に匿名性を作り出すツールを利用することができる。コメントから個人が特定されにくくなるよう、会議にはある程度の人数が必要である。明らかに非科学的な観察によるものだが、そのハードルをクリアするのは8人から10人だと思われる。

なぜこれが機能するのだろう。第3章の現状維持バイアスを振り返る必要がある。議論を引き起こすようなことを言うと、人はそれについてあまり考えなくなることを懸念する場合、匿名の会議を行えばそのリスクを排除することになる。そうすれば、反響を恐れることなくディスカッションを実際に仕掛けることができる。またこれはリーダーが会議にProvokeを取り入れる方法であるかもしれない。私たち自身もこの手法を使う際、リーダーは頭に浮かぶアイデアを提案するために匿名性ツールを使うことがわかった。そのアイデアとは「それがあいつの真の狙いだ」と組織から言われるのを恐れてオープンな会話に取り入れたくなかったアイデアである。たとえ自分のチームと透明性の高い会話をする能力を構築するためであっても、折に触れこれを使うことは、実験の価値がある。

この章では、リーダーが今すぐ展開し始めることができるコンセプト、すなわち活動の場と思われる場所を拡大し、新たな見解と世界の見方にもっと慣れるために組織の周辺視野を広げることができるコンセプトを紹介した。何が見えていないのかがわからなければ、わからないことに対応することはできない。

しかし、Provocateurになることには、単にトレンドを特定できることよりも大きな意味がある。トレンドを発見したとき、どう対応すべきかをわかっておく必要がある。第II部では、組織に影響を及ぼすトレンドを発見したときにできることに関する5つの戦略を紐解いていく。複数の方法があることがわかるだろう。ただし、実行する方法は、どこで「もし→いつ」の局面変化が起こるか、また将来を形成するための時間と許容範囲がまだあるかどうかに大きく依存している。

第 II 部

Provokeの原理

第5章 Provokeの誕生

「相手をProvokeしちゃだめ！」

このような単純かつ明確な注意は、ジェフと5人の兄弟が育ったタフ家でもよく聞かれるものだった。イギリスの子育て世代に脈々と受け継がれてきた豊富な決まり文句を駆使する父親に育てられ、タフ家の子どもたちは、こうした単純明快な注意が本当に示す意味を直感的に悟っていた。そんな中でこれは、兄や姉を苛立たせようとする弟や妹によく使われていた言葉だ。

下の子が「周りの反応を見てみるためだけにProvokeする」というのは、他の家庭でもよくある光景だろう。つついてみたり、冷やかしてみたり、手の込んだやり方で大事なものを隠してみたり。お仕置きを受けることなくどこまでやれるかを試すためだけに、こうしたことをする。

こうして子ども時代に、兄弟、親、友人、そして他人といった、人に対しての限度というものを学ぶのだ。何かを試して、反応を見てみる。そしてその結果を経験することで、その後どうすべきかを知っていくのである。

学習に対するこうした帰納的なアプローチはなぜか、成長と共に薄れてしまう。私たちは成長し、教訓を学び、一般化できるルールを教えられる。何かを決めるときには、過去の経験から仮定し類推に頼りながら、近道できる方法を直感的に探している。反応を見てみるために行動する、Provokeするという生まれながらの本能は失われてしまう。

こうした本能は、類推、推論、そして時間をかけた思考に取って代わられていく。過去からの学びがどんどん意味を成さなくなってきている世界では、こうした性格特性は悪しきものになってしまうのである。

過去は尊べ、でも囚われるな

作家で哲学者のジョージ・サンタヤーナは、1905年に出版した著書『理性の歴史(原題：Life of Reason)』で、最も有名な格言の1つを残している。「過去を覚えていない人は、過去を繰り返す運命にある」。これは、過去に学んだ教訓を忘れないための一般的な助言としてうなずけるものだ。同じことを繰り返し学ぶよりも、学びを積み重ねていくほうが良いに決まっている。だが問題なのは、これを取り入れすぎるあまりに、将来何が起こるか、何が可能で何が不可能かについて、過去が絶対的な道しるべであると決めつけてしまう人が多いということだ。過去への固執は、帰納的なルーツを忘れ、挑発しなくなる理由の1つである。

真珠湾攻撃と同時多発テロは、外敵による米国土への攻撃の中でも歴史上最も記憶に残る2大事件であった。どちらも、その悲惨な状況や結末に米国内外の人々の強い共感が集まり、世界中での安全対策の共有が広まった。これらの事件には共通項がある。それは、それまでの世界観に基づく常識が、潜在的な危険性に警鐘を鳴らす人々の声を覆い隠していたことである。

同時多発テロの発生前、関連する安全保障上の警告が見過ごされていたことは有名だが、真珠湾攻撃の前にも警告が無視されていたということを知る人は少ない。失敗の中心にあったのは、「日本軍がそんな攻撃的かつ野心的な作戦を試みるほどの資力があるわけがない」という考えだ（注5－1）。

1940年代の前半、米国はある意味で日本と衝突不可避な状態にあったのは明確であった。日本は近代化を進め、産業力で西洋諸国に対抗する野心を抱いていたが、島国であることによる資源不足、そして米国によるあからさまな妨害（たとえば、日本の中国侵略の阻止、日本の資産凍結、石油や重要な原料の禁輸措置強化）により難航していた。1941年には、日本が中国やロシアとの開戦時に用いた戦術である奇襲作戦の最前線に、山本五十六という米国留学経験のある将官が据えられた。これが均衡を崩したのだ。米軍の司令官が東洋文化にまったく不慣れであるのに対し、日本では他の指導者よりも西洋について良く知る軍司令官が出現したことにより、経験による知識に基づき将来を予測できる米国の能力は弱体化し始めた。

その20年も前に、米軍人のウィリアム（ビリー）・ミッチェルは、米国空軍の設立に向けて説いていた主張の一環として、真珠湾攻撃のほとんどを詳細に予測していた。米国の暗号専門家は、真珠湾攻撃に至るまでに、日本政府とワシントンDCにいた日本密使との間で交わされた暗号通信の解読に成功していた。軍事行動が間近に迫っている可能性が高いことがこのやり取りの中でわかり、兵を移動させ諜報を若干強化するというある程度の措置は取られたが、警告のほとんどが無視されていたのであろうことは想像に難くない。当日の朝、攻撃の第一波となる日本軍の戦闘機183機がレーダー探知されたにもかかわらず、士官らは警戒することなく、基地に帰還する米軍の戦闘機だろうと決めつけていたのだ。

真珠湾の警戒度は低く、米軍の戦闘機は破壊工作防止のためにまとめて駐機されており、武器庫は施錠されていた。攻撃は90分続き、民間人を含む2400人の米国人の命を奪い、さらに100人の負傷者を出し、18隻の軍艦を沈没させるという、壊滅的な結果に終わった。その翌日、米国は日本への宣戦布告を行った。

米国が真珠湾攻撃に対する予測や対抗準備を怠ったこの出来事は、過去の経験と深く根付いた信念体系に基づく正説（Orthodoxy）が行動力の欠如を引き起こすほどの硬直化をもたらした典型的な例である。第I部でも述べた通り、多くの経営層が同様の問題に悩まされている。その対策として、私たちは他とは違った提案をしている。

未来をProvokeせよ

今日のすべてのリーダーがすべきこと、それは行動を起こすことだ！

言い換えれば、より良い未来をProvokeすること、ともいえる。事業を営む者にとってのより良い未来とは、自らが繁栄する未来ということだ。自社のみの競争上の繁栄であろうと、多くの人々に利益をもたらす社会的志向の繁栄（生活水準の上昇や公平化、制度的差別の減少、炭素排出量の削減など）であろうと、それに向けて影響を与える役を買って出ない限り、私たちが望む未来は実現しないであろう。望む未来を創り出せるかは、私たち次第なのだ。

Provokeの一般的な定義に、「反応を誘起すること」というものがある。まさにタフ家の子どもたちがしていたことだ。しかし、Provokeするための行動というのは、（少なくとも）若干の悪意を伴った単独の行動と見られがちである。「野生動物はProvokeさえしなければ襲いかかってこない」とか、「人々の不安をかき立てるプロのProvocateursに気をつけろ」などと耳にしたことがあるだろう。しかしながら、私たちはこの言葉を、より広い、ポジティブな意味としてとらえて使用している。

Provokeとは、複数の異なる時間枠を念頭に置いて行動を起こすことだ。小さなProvokeを行うことで、短期的には新たな知識を得られ、長期的には累積的な効果を上げることができる。しかしすべてのProvokeは、時間が私たちにとって最も希少な資源だという事実が基になっている。十分な情報を得るまで行動しないでおく方が安全だと自分を納得させるのはたしかに簡単だ。たとえば、上手くいかないものに無駄な費用をかけずに済んだり、競合相手に追随することでわずかなコストで相手に引けを取らないような市場ポジショニングができたりするからである。残念なことに、これまでに検証してきたように、人にはいくつものバイアスのせいで、未来が過去の延長線上にあると決めつけ、さらに、先行者と同じ条件が追随者にも存在すると思い込む悪しき習慣がある。

しかし、時機をうかがい情報を集めることで、私たちは時間を常に無駄にしている。私たちが費やしている時間というものは、どれだけ成功していても、資金があっても決して代わりがきかない通貨の1つでもあるのだ。

ここでのコツ、そしてより良い未来を築くためのカギは、狙いをもってProvokeすることである。本章では、単なる因果関係の概念を超えたProvoke的視点の組み立て方をいくつか紹介する。

最初の原則として、この概念は因果関係を意図している。そのため、世界中で知られ用いられている、より受け身的な今日の意思決定メソッドとは一線を画すものだ。

今日のこうしたメソッドは、多くの情報をできるだけ素早く収集して意思決定とアクションの継続的なループに取り入れるという考え方に基づいている。その問題点は、新しい情報に対応して素早く行動できることにより生み出せる優越性に、おのずと限界が生じるということだ。元ニューヨーク市長のマイケル・ブルームバーグや、マーク・ザッカーバーグのような人々が築いた指揮命令系統（自分をアクションの中心に据えることで新しい情報を取り入れ素早く行動できるようにするもの）について色々と取りざたされているが、こうしたやり方で作り出せる優位性にも限界がやってくる。

世界はいま、完全で即時性のある情報を求める傾向にある。しかし、業界や状況によってタイミングの違いこそあれ、そうした状態に限界が来るのは不可避であろう。これは「もし」ではなく「いつ」という問題になっている。これが実際に起きたとき、対応するスピードで優位性を生み出せるチャンスというのはどんどん減っていく。だからこそ、Provokeする術を学ぶ必要があるのだ。

私たちの提唱するProvokeの理論には、情報に基づき意思決定するアプローチとの3つの大きな違いがある。

第1に、後者のアプローチは、他者が最初に行動を起こすことに依存している、または行動のきっかけとして新たな情報を必要とするという点である。このような既存の意思決定アプローチは、何ら驚くべきものではない。多くのビジネスリーダーがこうした「壊れていないものを直す必要はない」という「正説（Orthodoxy）」から抜け出せずにいる。言い換えれば、それが新しい情報や、競合他社によるアクション、もしくは新技術活用のチャンスであれ、行動を起こして違うやり方を試してみるだけのやる気がなければ、じっと現状維持に徹していればよいのだ。

この完全に受動的な経営アプローチの問題点は、周辺で動いている変革の力が予測可能であると思い込んでいるところにある。こうした考えも歴史的に見れば、つまり業界の境界線がわりあい安定しており、情報源も（そしてもちろん情報の流れも）かなり予測可能であったころは、たしかに事実であったことも多い。しかし、急激な変化の広がりにより、こうした条件は崩壊する。他の誰かが最初に行動を起こすのを待っていたり、組織の硬直化解消のきっかけとして新たな情報が入ってくるのを待っていたりしては、置き去りにされる可能性は高まる一方だ。

第2に、このようなデータ中心のアプローチはすべて、優秀な処理能力や分析技術で新たな情報をより効果的に活用することで優位に立つことができるという考えに基づいているという点だ。これにより、活動内容や経営陣の焦点を分析に集中させてしまい、第1の問題点をさらに悪化させている。混乱が予想される事態に直面すると、新たに姿を現した変革の力を理解すべく外に目を向けることもせず、逆に社内に逃げ込み、より多くのデータを求め、アルゴリズムが言うことを自らに信じ込ませられるようなさらなる材料を求めようとする者が多い。もっと効果的な洞察を得ようと、より優秀な分析技術を求めることに依存していると、状況を違った視点で考察しようという動きよりも、高まり続ける立証責任に焦点が当てられるようになってしまうのだ。

第3に、過去の教訓が未来の行動の道しるべになると決めつけている点だ。定義上、どんなデータも過去のものだ。過去に対処したことのある問題と似たものについては、意思決定のリスクを軽減する好手ではあるが、まったく新しい、または完全に不確実な課題に直面した場合には役に立たない。

不確実な状況においておおよその状況をつかみ、理解できるようにする唯一の方法は、Provokeする、つまり「行動をすることにより、市場（広い意味でいえば自分がビジネスをしている世界）の反応をみること」だ。

このような行動志向は、Provoke的思考の中心を成すものである。Provokeのそれぞれの段階において、本能的により多くのデータを集めてさらなる分析を行おうとしていないかと自らに問う必要が出てくるだろう。それよりもまず行動を起こすべきであるにもかかわらず。

人はどうやら行動志向を持って生まれたものであるらしいということも興味深い。突然の危険に見舞われると、私たちの扁桃体は戦うか逃げるか反応を引き起こし、アドレナリンを出すことで、行動を取ったり素早く動いたりできるようになっている。大げさなほど

どうにかして！
もうちょっと
分析して、
来週まで様子を
見ましょう。
TOM FISHBURNE

にドラマチックな映画や小説、コメディ漫画などで、コンロの火、近寄ってくる熊、夜中の不気味な物音といった危険が迫る状況で、登場人物の1人がもう1人に向かって「どうにかして！」と叫ぶ、こんなシーンを目にしたことがあるのではないだろうか。身の危険が迫っているという現実は、十分に人を行動へと駆り立てる要因となる。選んだ行動が正解でなかったとしても、主人公は（帰納的に）学習し、違う手を打とうとする。

それならば、実存的なビジネスシーンではなぜ誰も「どうにかして！」と叫ばないのか。それどころか、映画、小説や漫画のパロディーでは、椅子の背もたれに考え深げにもたれた人物が、落ち着き払った様子で部下に「もう一度計算してみてくれ」だの、「Xについて調べてみてくれ」だのと言っている。存亡の危機が人でなく会社に対するものだから、最初のシナリオとは異なる結末になるのか。それとも、そうした危機をさほど近くに感じないからか。いずれにせよ、私たち皆がビジネスシーンでこうした障壁を乗り越えられるよう、行動を起こせる力を養っておく必要がある。

現在地と目的地を知る

自分の現状とおおよその目標がわかっていない限り、目的をもって行動するのは不可能だ。それはなにも、常に理想の未来を完全に描いておけということではない。ただ、なりたい状態に最も欠かせない側面は何か、そしてどのような不確定要素がその実現可能性に影響を与えるかは知っておくべきだ。たとえば、なりたい状態についてこのように考えることができる。

- 海面が［ある数値］まで［ある期間］に上昇し、その結果インド市場での海水淡水化の需要が上がるとすれば、海水処理技術に今投資すれば大儲けできる状況にある。
- 今後30年間のうちにアフリカでの人口増加が世界中の人口増加の半分を占めるようになれば、大手テクノロジー企業が行ったベンチャー投資は巨額のリターンとなる可能性が高い（注5－2）。
- 今後数十年間のうちに宇宙へ行くコストが下がり続ければ、この新たな開拓地の活用に向けて投資するメリットが見込める業種（例：重金属や鉱物の採掘）が出てくる（注5－3）。

ここで大事なのは、なりたい状態に十分な具体性を持たせることである。そうすれば不確定要素の特定もできるためだ。第1章で述べた通り、成功を収めるProvocateurと臆病な分析者との差は、行動に移せる自信と、ただのトレンドだったものが不可避なものとして確立していくという局面変化に気づける能力であろう。局面変化とはつまり、そのトレンドが「もし」起こったらという問いを止め、「いつ」起こるか、そしてそのトレンドが自らにとってどのような意味を持つか、を考え始めるときだ。Provokeの方法を考える際に、これが最も重要な要素の1つである。

Provokeの5大パターン

第II部は、大まかな5つのProvokeのモデルを中心として構成している。その5つをここで列挙し、次章より、各モデルについて実例も交えて詳述していく。

❶ **想像（Envision）**：これからどのような未来が起こりうるかを理解できるようにする、基礎的なProvocation。

❷ **配置（Position）**：起こりうる未来をうまく利用できるように、自社の位置取りを行う。

❸ **推進（Drive）**：自らに有利となるような影響を直接的に生み出す。

❹ **適応（Adapt）**：ビジネスモデルを予測される結果に適応できるように調整する。優位性を生み出せるようできるだけ迅速に。

❺ **起動（Activate）**：エコシステムを通じて、自らの望む結果につながる確率が最も高いネットワークや連鎖反応を起動する。

想像(Envision)：基礎的なProvocatoin

Provokeの中でも、不変かつ挿話的なアクションであり、能動的かつ継続的な行動として扱うべきものは1つしかない。それが〝想像〟である。自分は今、ジェットコースターのような山あり谷ありの道程でどの辺りにいるのか。これからの上り坂がどのくらいの高さと勾配なのか、そしてトレンドに振り回されるのはどの辺りか。途中で何を発見するかに応じて学びの焦点を変え続けるのが望ましいので、できるだけ本質的な内容に留めておくことが重要だ。こうした進路決定の基礎を成す作業は、新たな情報を入手するたびにその状況に合わせて調節すべきだ。機械的に同じ分析を繰り返し行っていると、前著で示したDetonate（爆破）が必要となるプレイブックの硬直化に危険なほど近づいていることに気づくだろう。

〝想像〟に必要なことの中には、望ましい結果とそこまでの道のりにおける不確定要素に、ひたすらに狙いを定めることも含まれている。さらに重要なのは、将来がどのように展開するかというシナリオやストーリーを複数作成し、さらにそうしたシナリオの相対的な実現可能性の上下を察知できる主な指針を考えておくことにより、想像的活動の説得力を最大限にすることができるのだ。この概念については、シナリオ作成の正誤例もまじえて、次章にて説明する。

配置(Position)：これから作り出す未来への準備

「もし」という局面にあるトレンドに出くわしたとき、つまり、局面の変化が不可避となるかどうかがまだまったくわからない場合に重要なのは、そのトレンドが真の姿を現し始めたときに検証できる態勢を整えておくことである。トレンドが「いつ」という局面に移るパターンは複数存在するものの、その中で重要となるのはたった2つしかない。それは①自然に起こる場合、つまり、直接的な介入なしに前述の予想シナリオのうち1つに関する主要な指針に合致する状態となり、「いつ」という局面に押し進められた場合、または②自分か他者が取った行動により、人為的に起こった場合だ。

自然に移行した例として、世界の環境が挙げられる。かつては、人類が気候変動に真剣に対処するかどうかという不確実性の問題であったが、今や、脱炭素化の広がりが時間の問題となっている段階にまで自然発生的に移行している。データや洞察の増加、さまざまな激しい異常気象、そして対策を求める声の高まりなどすべての事が重なって局面変化へと押し進めたものの、そうした結果を引き起こした1人の当事者や1つの出来事を挙げるのは困難だ。この主題については次章でさらに詳しく掘り下げるが、ここでは無知と不確実性は異なるものだという点について指摘しておきたい。世界中の人々は長きにわたり、化石燃料を燃やすと温室効果ガスが出て地球温暖化につながることなどまったく知らなかった。これを無知、無頓着ともいえるかもしれないが、ほとんどのトレンドには、不確実性の発生以前に、ある出来事が現実に起こりうるかもしれないという仮説すら立てられていなかったような、初期段階というものがある。

一方で、人工的な決断には主原因がたしかに存在する。先見の明のある人物が1人でそうした現象を起こす場合もあるが、その界隈で優位な立場に立つ個人や企業のエコシステムが協働してProvokeし、そうした現象を起こすケースが増えてきている。非常に有名なテック・ジャイアントの一部もこのカテゴリーに当てはまる。ビル・ゲイツ、スティーブ・ジョブズ、イーロン・マスク、マーク・ザッカーバーグのいずれも、著明なテクノロジートレンドのいくつかを生み出した局面変化の中心的存在として名を挙げられるだろう。彼らがProvocateurであることは明らかだ。次章以降でProvokeの5大要素についてより詳細に掘り下げていくにあたり、テクノロジー業界以外での、あまりよく知られていない例についても検証したい。

「もし」という局面で見つけなければならない3つの重要な手がかりがある。1つ目は初期段階で、主要な指針がどこかに向かっていると気づくことだ。これによりProvocateurは自分がジェットコースターのどこに座っているのか、そして重要なこととして、「もし」から「いつ」への局面変化に突入しつつあるのかを知ることができる。2つ目は、自らの望む結果の実現に向けて、自分にどの程度の影響力を行使できる力があるのかを明確にすることである（例：関係するシステムにおいて自分はどの程度の影響力を持っているか。規制、技術など、どのような制約があるか。どれほど直接的な因果関係があるか、行動を起こすためのトリガーにどのくらい敏感に反応するか）。3つ目は、望む結果につながる道がどれだけ複雑かである。どのくらいの当事者による関与が必要か。どのくらいの期間で道筋を展開させるか。どのような相互依存関係があるか。まとめると、上記のようなProvocativeな行動とはつまり、不確実性に行き当たったときに残念ながら人々が陥りがちな「静観」モードとは異なり、能動的に察知することである。

収集すべき重要情報を全体的に理解できたら、Provocateurが取るべき大事なステップが3つある。1つ目は、今どのシナリオが相対的に実現しそうだと思っているかを考え、投資ポートフォリオを分散化させ、何に賭けるか決める。どのシナリオになっても優位性をもたらす「ハズレなし」の賭けとなるものもあれば、起こりうるさまざまな結果に対応するために幅広く賭けざるを得ない部分もある。

2つ目は、仮説に基づく独立したデータを得られるようなテストを実施するための設計、準備をする。テスト設計は非常に重要だ。ここでの目的は広い意味での金稼ぎや成功が可能かを検証することではない。自身にとって好ましい結果になるような形で市場の動向に影響を与えられそうか否かを、早期に知ることが目的なのだ。このステップでほとんどの企業が、テスト範囲を広く設定してしまうことで、結果にノイズを混ぜすぎていて、次の行動を決める自信が持てなくなってしまうという過ちを犯してしまっている。

3つ目は、対象としている市場（外部でも社内でもよい）から何か反応が得られるかを試すべく、行動を起こしてみる。パイロットテストでプロトタイプの反応を見ても良いし、予定している特典の告知を行うことで、エクストリームユーザーの反応を得られるかを見ても良いだろう。ただしテストでは、市場に「もしXが起こったらどうしますか」とたずねるのとは違って、常に観察を重視し、実際の行動に注視することを目的とすべきである。

推進(Drive)と適応(Adapt)

〝推進〟と〝適応〟によるProvokeは、理論上、組織の命運はその組織だけが握っているという考え方に依拠している。複雑性が低い状況においては特にその傾向がある。言い換えれば、発生しうる未来において企業がどの程度成功または失敗するかは、その企業自身の行動に負うところが大きいということだ。このようなProvokeがあるからこそ、実現するとわかっている世界で優位に立てるような行動をとることができる……たとえいつ実現するかはわからなくとも。

〝推進〟と〝適応〟で異なるのは、どの程度トレンドに影響を与えられるかという点である。局面変化が発生するスピードや形態に影響を与えられる状況であれば、〝推進〟のProvoke戦略を用いて、トレンドを自分に有利なように形作るべく行動を起こせばよい（たとえば、新製品や新サービスについて規制当局と協議している企業など）。一方で〝適応〟は、自分の運命を切り開くことはできても、既存のビジネスモデルと完全に一致する形で、トレンドそのものに影響を与えることはできない（ひと昔前のいわゆるＢＲＩＣｓにおける市場拡大を活用しようと立ち位置を探っていた企業群などが好例だろう）。

起動(Activate)

前節を読んで、〝推進〟の方がより効果的なProvoke形式であり、「好ましい」ものだと結論付けている読者もいるかもしれない。自分の有利になるように環境を変えられるならそうすべきだという考えも、たしかにその通りかもしれない。ただ残念なことに、１人の当事者がトレンドの方向性を有意に操作できるという状況は次第に稀になってきている。世界は日に日に相互関係性を増しており、将来の方向性を決定するには、複数の当事者による影響力が必要となっている。〝起動〟のProvokeが役立つのはこのようなときだ。局面変化において十分早期から行動を取ってはいるものの、自分だけではトレンドに影響を与えられない場合、他者のいるエコシステムを起動して、影響力を行使させるのである。正式かつ明確な形でエコシステムに依頼する形でも良いし、非公式な形で他者にさりげなくサインを送る形でも良いだろう。

まとめ

これらのProvoke戦略は、互いに相容れないものではない。もっと言えば、個別のどのトレンドに対しても、「もし」から「いつ」への局面変化の過程で、複数のProvokeを行っても良いだろう。重要なのは、トレンドに合ったProvokeを行うことである。

Provokeのマインドセットの目的は、トレンドをその展開に応じて継続して形成する、一連の実用最小限の動き（Minimally Viable Action）を取れるようにすることである。Provokeにより望ましい未来を手に入れる道のりは、平坦なものではないだろう。むしろ、何度も道中で細かな軌道修正を強いられることもあるだろう。トレンドに対する目標設定・行動・学習という継続的な学習プロセスを経て、そのトレンドに対して自身が及ぼすことのできる影響力の性質を理解し、実用最小限の動きを活用して進展させていくことが最善策となる。重要な注意点は、ここでいう「実用最小限」とは相対語であるということ

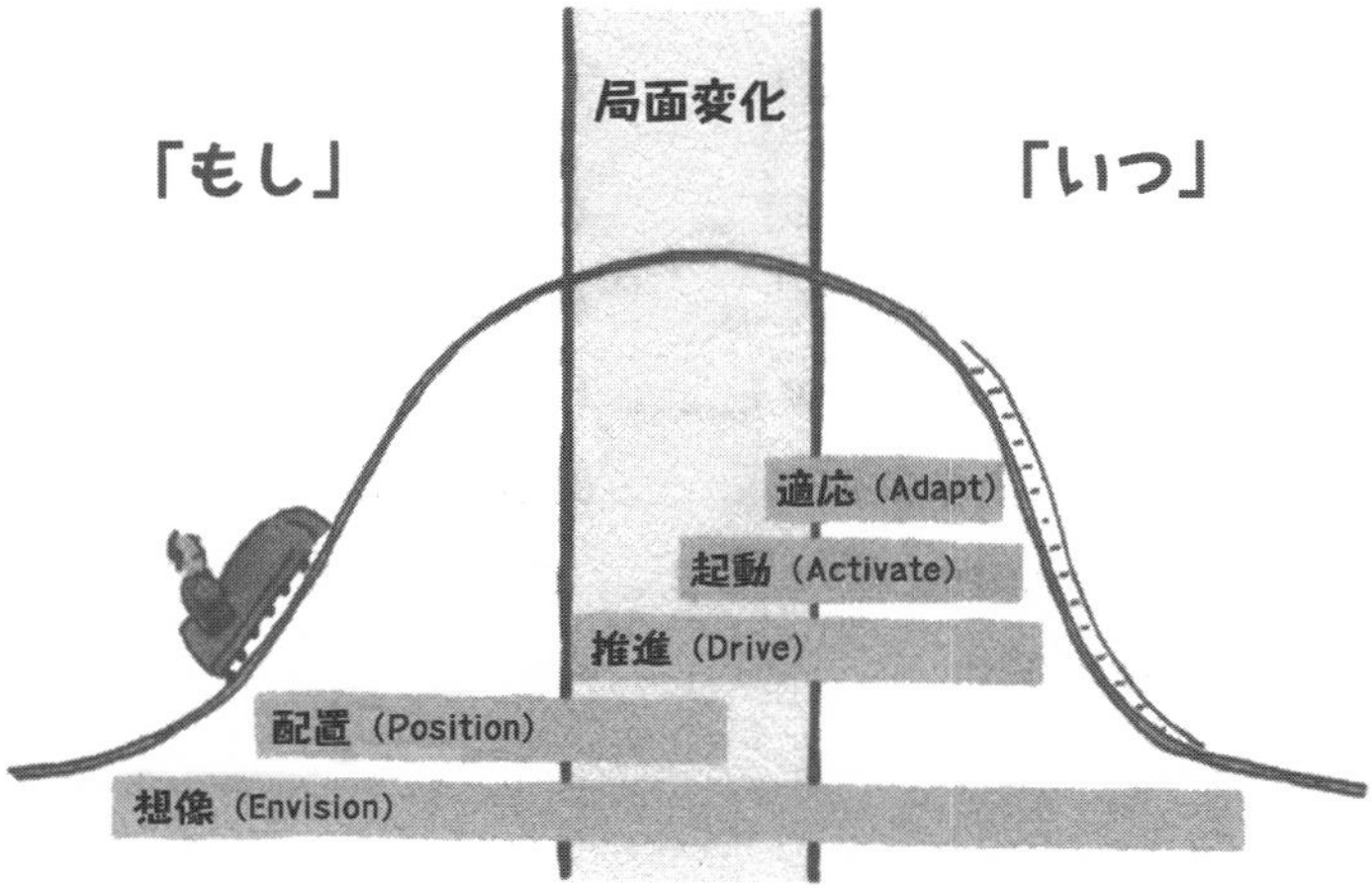

だ。業界によっては、その性質から、より大きな賭けをする必要も生じてくる。海外に石油化学工場を建設するかという判断と、小さな地域市場で新しい販促メッセージのテストを行うかという判断では、規模が異なるということを考慮されたい。どのリーダーにも重要なことは、手元の仮説を十分に検証できるだけの、可能な限り実用最小限の動きを取ることである。

これからの進路を正しく決めるうえで不可欠なことは、どのような動きが市場で起こるのか、初期仮説を立てることである。実際に起きたことを予想していた結果と比較することで、より素早く次の実用最小限の動きを取ることができ、実際の結果と予想される結果を比較することで、あるステップにおいて「もう十分だ」というタイミングを理解することができる。

初期仮説は、行動の結果、学習した内容をもとに更新していくことが重要だ。そのために、以下の4つの要素を検討する。

❶予想する市場の反応について、どの程度確信があるか。何が起こるかについての多少の確信があるのか、それとも知識を得ることが主目的か。

❷対象のテストにおけるフィードバックループについて予想されるスピードはどのくらいか。テストの主題によっては(市場活動の速度、取引のサイクルタイム等により)結果を得るのに元々時間がかかるものもあり、性質上時間のかかるテストばかりを行っていると、いたずらに進展を遅らせる可能性がある。

❸市場から返ってきたデータの信号対雑音比はどのくらいか。どんな反応にもある程度のノイズ(雑音)が混ざっているものであることから、どの程度のノイズが入りそうかを最初に見越しておけば、実施するテストの順序や性質を導き出すのに役立つ。

❹その行動の背景にある価値創造の仮説はどのようなものか(プラスとマイナスの両方)。どのような価値方程式になるかを完璧に把握しておくべきというわけではないが、自信を持って行動できるよう、方向性としての価値やリスクの源を十分に確信

した状態であるべきだ。

次章以降で検証していくが、効果的なProvoke戦略を立てた個人や企業でも、望む未来を追求するうえでどのような経路を辿ることになるのかは、確実には把握していないものだ。むしろ、想定外の出来事によって進路転換を強いられることも多いが、こうした個人や企業には常に、日々の意思決定や行動の道しるべとなる北極星のような指標がある。そして、過剰な分析や推論を避けて、帰納的な前進を続けるのだ。何かしらの行動を起こし、その過程で学んでいくのである。

第6章
想像（Envision）：将来を展望する

私たちのチームの1人に、セーリングに熱心な男がいる。熱心とはいってても「アメリカズカップで入賞した」とか、「冬の大西洋を単独航海している」というような意味ではない。どちらかといえば、せわしない日常の合間を縫って暖かい季節の間にできるだけ船を出し、飲み物を片手に小さなヨットで近場をのんびり航海するのを好むといった感じだ。

船乗りというと、時には神話、時には災いとして、一般的に大げさに想像されがちだ。しかし、私たちにとって船乗りが魅力的に思える理由、それは彼らが根っからのシナリオプランナーだからである。セーリング歴が5年でも50年でも、水上に出るとなったときには天気予報に基づいて何が必要か、満潮・干潮の時刻と平均潮位、平均風速や突風値、日没・日の出時間や月相など、挙げればきりがないほどのさまざまな事に注意を払うものだ。やがて、こうした知識に従うことが当たり前のようになる。朝にコーヒーを買いに行くついいでに潮位をチェックするようになり、潮見表の確認をあまり必要としなくなっていく。あるいは隣の船の揚げている同じ旗を、同じ時間に、同じ場所から10年以上見ていることでパターンがわかっており、それによって海の様子がどうなりそうかが予想できるようになる。

海に出るにあたり、こうした基本となる情報があることでどのような航海になるか推測できるようになる。ただし、あくまで推測に過ぎない。どの日の航海も、天候、風や波の、些細な予想外の変化により変わってくる。

航海の間、経験豊富な船乗りはまるで診断を下そうとする医師のように、こうしたことに目を光らせている。周りよりも少し風が強いことを示す海が暗く見える部分はないか、凪があることを示す波が低く光っている部分はないか。周囲の船を見たり、探したりもする。衝突を避けるためという理由もあるが、たいていは単に自分の航海の状況を相対的に判断するためだ。雲の形成に変化がないかも観察している。特に、積雲から積乱雲への変化は、晴天日の不確実性が雷雨へのトレンドに変わったことを示すからだ。

このように新たな、そして刻々と変わるデータを目の当たりにした経験豊富な船乗りを観察していると、絶え間なく変化し続ける帆や水路の一連の微調整や調節を見事に処理していっている。重賞レースに臨む船にたまたま乗り合わせた際には、使用するロープの数や、物理的にもコミュニケーションとしてもするべきことが急激に増えることに気づくだろう。航海という行為は、定義として、その日がどう進むかについて知っている情報を持ち出し、新たな情報が入って進路を調節するにつれ、持ってきた情報を1つひとつ捨てていく行為であると言って差し支えない。しかしながらほとんどの場合、航海が詳細に計画した通りには行かずとも、新しい情報を得ることで目的達成のためにどのような行動を取ればよいかをより正確に把握できるようになるため、目的地である港の安全な停泊地という行き先に希望通り達することができる。

ただし、いつもそうなるわけではない。

むしろ、航海はいつでも晴天と穏やかな風に恵まれるものではない。最悪の状況を迎える場合もある。良く知られる航海の失敗例には、不可解なことに、経験豊富な船乗りが舵を取っていた例が多い。こうした失敗例を紐解いていくうちに、共通のテーマがあったことに私たちは気づいた。船の事故すべてに当てはまるものでは決してないが、こうした船乗りの多くに、過去の経験に過剰に依存する傾向があったのだ。

彼らは目の前のデータを無視し、自分の感覚をも疑うことが多かった。そしてそうしたデータや自分の感覚に目をむける代わりに、単に信じたいだけの航海の筋書きに固執していたのだ。新しい情報を取り入れて想定を変えることで、次に何をすべきかについてのより正確な判断につなげることを忘れてしまっていた。
彼らは、シナリオプランナーになることを忘れてしまったのである。

特に記憶に残るエピソードの1つが、メキシコのモビール湾で2015年に起こった事故だ。事故のあったドーフィン島レースは、半世紀以上にわたり開催されていたものだった。片道のルートを南下しモビール湾口を通るこの年次レースには、累計でおそらく数万もの船乗りが参加しただろう。その中であらゆる教訓が得られ、脈々と受け継がれてきた。ただし今回は、こうした教訓こそが、重大事故を引き起こした一因であった。予測されておらず、また予測不可能でもあった3つもの降水セルの直撃を同時に受け、十数艇近くの船舶が全壊し、乗員40名が水中から救助され、10代から70歳超の6名が命を落とした（注6－1）。

この悲劇において注目すべきは、過去の天候変化のパターンに過度に依存していたこと、そして個人が一瞬のうちに対応できる能力を過信していたことだ。レースの参加者には開始時に、天候が変わりやすくなっている旨の警告がなされていたが、棄権したのは125艇中たった8艇であった。しかし、参加者が経験した事態は、まったく前例のないものであった。気象レーダーには、強風の発生を示すような渦は一切見られなかった。普段ならば天候の急変を発見次第、素早く岸へ戻って対応できる時間があるのに、そうした時間も一切なかった。普通の暴風雨ならばすぐ去っていくのがトレンドなのに、今回の暴風雨はレースのルートを横切っていたかのように激しくなる一方であった。船乗りたちが「知っていた」すべてのことが、一瞬にして変わってしまったのである。

これまで、ブラックスワン事象（訳注：事前にほとんど予想できず、起きたときの衝撃が大きい事象）による影響、そして事後であるのを良いことに、こうした事象があたかも予測可能であったかのような考察が多く書かれてきている。モビール湾の悲劇は、間違いなくこうした事象に当てはまるだろう。これまでになされてきたブラックスワン事象の事後解説が、そうした事象に至るまでの兆候を遡及的につなぎ合わせるものであるのに対し、優れたProvocateurはこれを先行的に行うことができる。最も重要とわかっているサインに十分な注意を払い、そうしたサインを活用してどんな突飛な結果でも予測できるよう間口を広げておく。そうすることにより、優れたProvocateur、つまり優れたシナリオプランナーは、これから起こることを常に正確に予測し、それに応じて進路変更を行うことができるのだ。こうした変更の結果、それまでの計画を完全に白紙に戻さなければならないときもある。

船乗りたちがモビール湾で犯した大きな過ちは、新しく生じた不確実な現実に目を向けずに、その日の天候のトレンドが自分に馴染みのあるものと同じだと思い込んでしまったことだ。彼らは、シナリオプランナーになることを忘れてしまったのである。

想像(Envision)の基本理念

〝想像〟によるProvokeは、私たちが前進する背景を決めるものだ。〝想像〟することの意味には、前述のセーリングに関する例と実質上ぴったり当てはまるような多くの側面がある。

- 基礎を成す活動として進路の決定を行う。
- 新たな情報が入る都度、動的に調整しなければならない。
- 特に行程中の初期段階で、基本となる情報の収集作業を個別または単発的に行う必要が生じる場合があるが、時間の経過とともにそうした作業は継続的かつ(さらに)自然に行えるようになる。

●その時々で判断し、過去の教訓に基づく予測を調節することが欠かせない。常に同じ外的要因に同じように影響を受けるルーチンをただ遂行すればいいと思い込まないこと。

〝想像〟のエクササイズを適切に行うことで成し遂げられることが3つある。第1に、望む結果を通して、自らの基準となる枠組みが理解できるようになる。第2に、シナリオを描いて最初の賭けを行うことができる。第3に、経時的に将来の成り行きを追跡するための道しるべや兆候を確認できるようにし、必要に応じて正しい経路を選べるようになる。

注意点が1つある。シナリオプランニングは「毎年この時期にやると決まっている」からなどと、繰り返しの機械的なプロセスとして行うべきでは絶対にない。一時は上手くいっていた、良くできた意思決定手順でも、そのほとんどが、プロセス中心のプレイブックになった途端に廃れてしまう。前作『ベストプラクティスを吹き飛ばせ（Detonate）』を読まれた方は、私たちがプレイブックを好まないことをご存じだろう。これは、プロセス中のステップを遂行することに集中するあまり、サインに隠されたニュアンスを見逃してしまうような方法だからである。

プロセスを忌み嫌うということは、たとえばリストの作成には価値がないと考えている

最も可能性の高いシナリオは、
来年の今ごろもこの部屋で一から
シナリオプランニングをやることだ。
シナリオプランニング
TOM FISHBURNE

ということか、という質問を最近受けた。リストの価値について最もよく知られているのは、おそらく医薬品の世界での話だろう。たとえば、アトゥール・ガワンデ医師の「アナタはなぜチェックリストを使わないのか？」。同書は私たちの大のお気に入りで、ガワンデ医師のいう「無能の失敗」を減らすことができるリストの価値を、私たちは大いに支持している。しかし、これは目下の問題が知られているまたは知ることができる場合にのみ有効だ。前例があり、過去のデータにある程度依拠できるような(医療その他の）処置では、確かにチェックリストの使用により、失敗する確率をゼロにはできないまでも減らすことはできる。私たちの主張はただ、私たちの生きる世界

やそこで私たちが下す決断が、知ることのできないものである、いわばジェットコースターの頂上から先に何が待ち受けているのかわからないようなケースが増えている、ということだ。

知られておらず知ることもできない事にぶつかったとき、必要なのはチェックリストではなくシナリオだ。これを行動の基盤として使う。これこそが想像するために最も必要なものである。

決して、〝想像〟を静観バイアスと混同すべきではない。私たちは時間という最も貴重な通貨を使っていることに変わりはなく、常に何かしたくてうずうずしているべきなのだ！

エネルギーの将来を想像する

シナリオのもつ威力を最も効果的に説明できるよう、よくある「メリット・デメリット」との違いを明らかにする例を挙げていこう。〝想像〟というレンズを通して取り組む課題としては、世界の進化に影響を与えるような強力な力が複数関与しているエネルギーの将来が最適だろう。

気候変動へどう対応するかということが、現代において最も解決困難な問題の1つであることは誰もが知っている。「科学の示す内容」をめぐる論争は、政治や偏向性とも絡み合って、〝偉大なる〟米国が中心となって起こしているようだ。気候が変化していること、人間が少なくともその中心的原因の1つであること、気候変動に伴って世界の平均気温が上昇し、気温の変動が大きくなり、異常気象が増えること、そして私たちが行動を起こすことでそのトレンドの動きに影響を与えることができることを、今や世界のほとんどの人が事実として受け止めている。興味深いことに、2020年の新型コロナウイルスのパンデミックと、それに伴う旅行や化石燃料に対する需要の崩壊が起きるまで、このような実にわかりやすい常識的な事柄への理解が得られなかったのだ。

残念なことに、世界は目の前で起こっている現象について言い争うという表面的な論争で実に長い時間を費やしてしまっていた。ジェフと仲間たちは先日、シナリオを活用してこうした表面的な論争を打ち破る方法はないかと検討してみた。本章では、シナリオの持つ力を示すため、この考え方を要約し、定型化した形で用いていく（注6－2）。

重要な前提から始めよう。私たちは気候変動に関して、多数の組織が行動を起こせるほどの内容の報告書や予測がほとんど存在しないと考えている。パンデミック前である2020年初めの時点では、一連の予想される変化を総称して「エネルギー転換」という俗称で知られていた。炭素系のエネルギー源から、クリーンでより再生可能な資源に移行するにつれ、人々はこうした変化を脱炭素化の時期ととらえるようになった。しかしそうした認識の先には、さまざまな次元にわたる幅広い不確実性が存在している。誤解のないようにいえば、進むべき道を明らかにするために多くのデータ、分析、予測そして何千何万という報告書が作られてきた。それに含まれる情報量、そしてそうした報告書の量自体に、たしかに感覚が麻痺しそうである。

しかしこうした集合知を得ても、エネルギー転換を通じてどのようにより良い将来を〝想像〟していけるのかを考える準備が十分にできているとは感じられない。こうした選択が、人々（つまり、気候変動の影響を受けて暮らす人類、政府にプレッシャーをかける市民、消費者、ビジネス関係者）、企業（エネルギーの生産や移動関連業界、およびエネルギーの消費を運営上の重要な要素としている企業の両方）、そして政府（規制当局、政治家、外交官など）と、文字通り全員に関係していることも明らかだ。

気候変動に関する研究結果の多くが、以下3つの欠点の組み合わせによる犠牲となっており、より良い将来の〝想像〟を真に目指す者は、こうした欠点を乗り越える必要がある。第1に、こうした研究結果は感度分析であり、シナリオではないということだ。数十年にわたり、気候変動には標準的な尺度が存在してきた。気温、降水量や風速などの単純な指標は、その時々の気候の性質を理解するうえで役に立つ。そのため、時系列データでは経時的な変動率を捉えることができる。2016年のパリ協定は、「世界の平均気温上昇を産業革命以前に比べて2℃より十分低く保ち、かつ、気候変動のリスクと影響を大幅に軽減すると認識される1・5℃に抑える努力をする」ための多国間での合意に基づいたものであった（注6－3）。一部の人々による科学への反論はさておき、こうした指標はじつに単純に追跡、伝達できるものである。問題は、単純すぎるがゆえに集中しづらくなっている、ということだ。

世界の人々が気候変動のシナリオとして知るようになった筋書きは、場合によっては同時に数十も存在する不確実性を考慮したうえでの結果を理解するために役立つような真のシナリオではなかったのである。その代わりに、単一の予測ベクトル（主に世界平均気温）に沿って起こりうるような結果に焦点を当て、他の変動要素との相互関連性を無視して単純化したのである。

こうしたアプローチは、①将来計画における因果関係的な意味合いを考慮していない、そして②企業を経営するうえで、どのような経営体制が最も重要であるかという認識を歪めてしまうという2つの形で経営者の視野を狭めてしまう。因果関係という点については、たとえば、壊滅的な異常気象の発生により保険会社が損害を被り、金融危機を引き起こしたことで平均気温が100ベーシス・ポイント下がったとしよう。こうした未来と、グリーン水素技術の飛躍的な進歩によってさまざまな輸送用途で燃料の代替が可能となり、平均気温が100ベーシス・ポイント低下したような未来とでは、どの企業にとってもチャンスやリスクは劇的に異なったものとなるであろう。

経営体制に関する点は、架空の企業を使って示そう。1人当たりのCO2排出量が平均より多い、市場にとって特に魅力的な製品を製造している、デカーブ・プラスという企業があったとする。通常、ある市場に参入するタイミングを決定するにあたり、同社は論理的にCO2排出量を予測するモデルを構築する。そうしたモデルのアウトプットは必ず、基本的な見通しを表す主要な傾向線と、この基本的な見通しに対する上下幅（通常は比較的狭い範囲にある）を示すものとなる。そしてこのイメージが、市場参入の是非を決めるうえでの経営陣やアナリストの強迫観念になることがほぼ決まっている。結局のところ、格言にもあるように「何らかの手法で成果が測れることは、必ず成し遂げることができる」と考えるのだ。こうして徐々に、起こりうる結果の範囲内にあるものを「シナリオ」

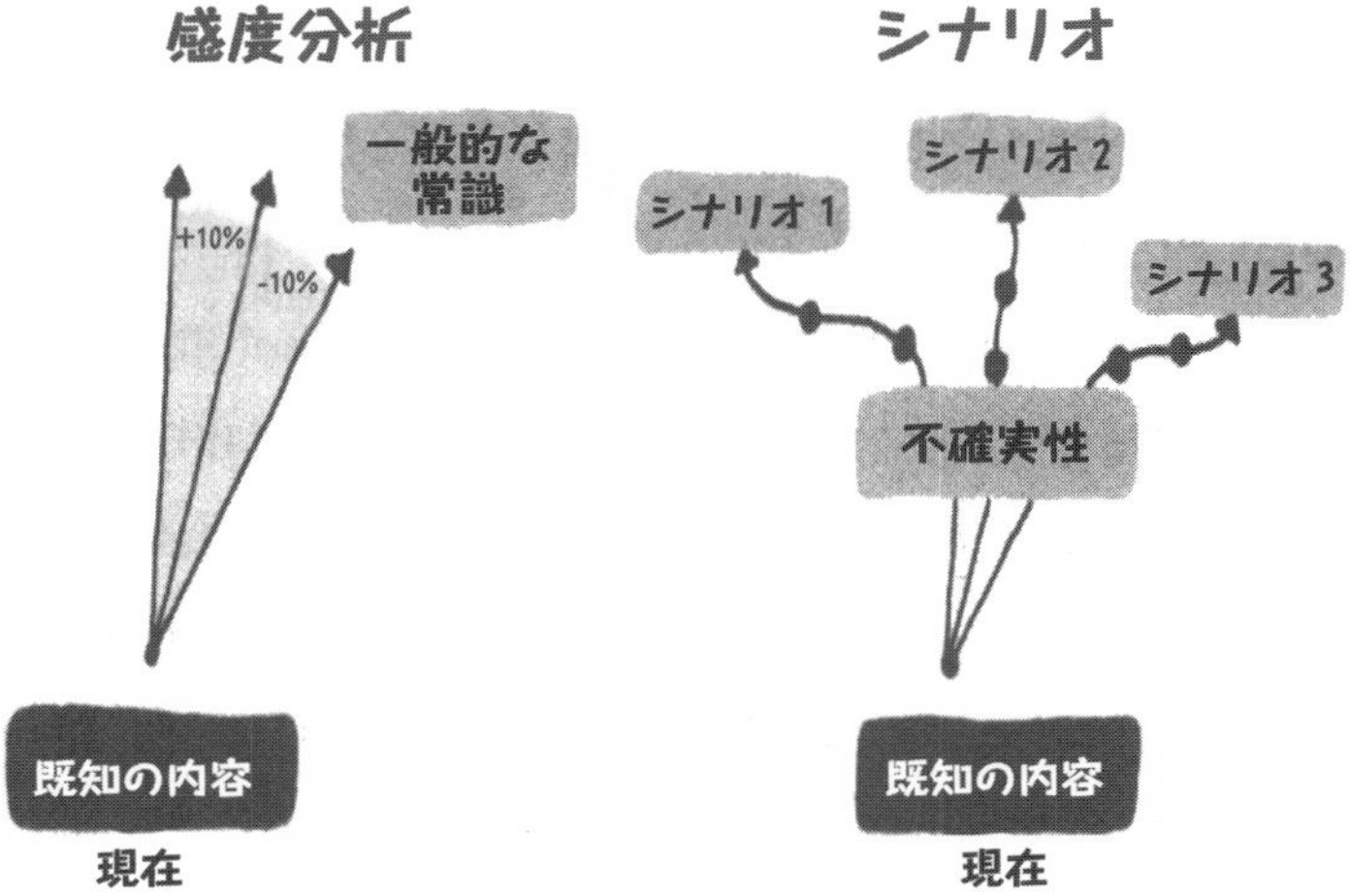

と呼び始めるのだ。

しかし、不確実性に支配されるあらゆる現象と同様に、他の多くの要因、つまり他の多くのベクトルが作用していることを考慮しなければならない。また、これらの要因の多くが相互に関連していて、あるベクトルの変化が別のベクトルに予測不可能な影響を及ぼすという可能性もある。演繹的思考というレガシーのせいで、私たちは未来を予測するモデルを構築するうえで正確さに固執し、過去の学びに依存するようになってしまったのだ。

こうしたアプローチは、気候変動を含む多くの分野において、関係する変動要素が多すぎるためまったく計算上不可能となる。しかし多くの企業は、こうした状況を認識してより良い未来を描く方法を模索することをせず、こうした複雑な問題から目を背け、自分たちに都合の良い指標を1つか2つ選んで、それを喧伝しているのだ。その結果、過去の狭い延長線上にある、不連続性に盲目となった組織ができ上がるのである。

じつは、もっと良い方法がある。

真のシナリオ分析とは、複数の異なる不確実性を同時に考慮し、不確実性のさまざまな解決方法を集約して、将来どのようになりうるかという妥当な筋書きを立てるものだ。そうした筋書きは質的なものであることが多いが、シナリオの検討による効果を最大限にするには、筋書きと定量的なモデリングを組み合わせたうえで、複数の不確実性の間に存在する関連性や共線性を未来から逆算する形で描いていく。もちろん、どのようなシナリオであっても、不確実性の解消法が異なるが同じように妥当な代替シナリオとの、相対的な検討が常に必要である。シナリオの構築は、〝想像〟によるProvokeの中心を成すものである。

第2に、ほとんどの研究が、結果を生み出す最も基本的な要因の解明には至っていないということだ。気候変動に関する議論に関心を持つ人なら誰もが知っているように、人々の頭を悩ませる2つの中心的な問題は、①再生可能エネルギー技術が化石燃料の代替となるのに十分な速さと安さで進歩するか、②政府が規制やインセンティブ（再生可能エネルギー導入のための税制優遇、炭素価格、貿易規制など）を用いて、一定期間にわたり脱炭素化の速度に人為的な影響を与えるのかどうかである。この2つは確かに重要な検討事項ではあるが、エネルギーシステムの状態につながる実際の根本的な原因にたどり着けるものではない。

政府の介入や技術革新は、因果関係というよりは（最終的ではないにしても）結果に分類される。適切な需要条件さえあれば、イノベーションも政府による影響も、いくらでも起こせるからだ。2020年に、驚異的な速さで新型コロナウイルスに有効なワクチンがいくつもできたことを思い出してみてほしい。リソースを集中させ優先順位を上げ、さらに政府の支援を得たことで、スケジュールは年単位から月単位にまで短縮できた。言い換えれば、ロビー活動、資金提供、事業ドメインにおける研究開発リソースの投入などを通して、社会が脱炭素化への需要について足並みをそろえれば、脱炭素化は実現に近づくのだ。たしかに、政府の介入によって需給バランスが崩れる地域はあるだろうが、とりわけ一定の国際協調が行われている世界であれば、世界的な進展を妨げるほどではない。

こうしたことから、社会の反応と政府の協力のように、根本的な原因を推進する要素というのは、複数の異なる結果を描けるより良い方法なのだ。市場のプレーヤーが、自分たちの手に負えないような要因にとらわれることなく、エネルギー転換を通じて優位に立つための新しい選択肢や機会を見出すための方法ともいえる。

世界がエネルギー転換の障壁（あるいは実現要因）として、政策や技術にこだわってきたのには、さまざまな理由があると思われる。政策や技術は具体的で追跡可能だから。ある程度予測可能である（少なくとも、そんな感じがする）から。やってきたことの前例があり、将来の確率を計算するのに使えるから。人でも組織でも、進展しているという自信を持つ目的でコミュニケーションを取れる相手がいるから。問題なのは、こうした理由すべてが、過去のデータや事例を将来への指針として使えると思い込んでいるということだ。おわかりだろうが、複数の不確実性のベクトルに同時に対応しようとしている際に、こうした思い込みは危険である。

ほとんどの研究結果における、第3の、そして最も重要な欠陥は、実質的な行動を推進していないということである。エネルギーの未来に関して世界中でなされた予測のほとんどが持つ最大の問題は、そうした予測がほんのわずかなグループの組織にしか有用でないということだ。エネルギー政策の立案者は、データの宝庫を与えられ、その中から自分たちの目的に最も合うように探して解釈することができるため、十分な情報を得られているように感じてきた。しかし、一般的なリーダーらは、「まあ、様子見かな」という程度の結論しか出せていない。

現在のリーダーたちにとってより行動を起こしやすくするためには、そうしたリーダーらを、個人として、スケジュールに組み込む必要があるのだ。私たちが目にするもののほとんどは、合意を促進する必要性から、多国間協定における目標や公約日に基づいた2050年以降に関する予測を用いている。それだけ先なら、誰でも「はい」といえるだろう。だが問題は、今すぐに何かをするためのプラットフォームが作られていないということだ。検討のためのスケジュールを適切に設定するにあたっては、不確実性をさまざまな方法で真に解決できる十分な期間を設けるべきではあるが、経営者が即座に行動を開始する緊急性を感じられるよう、あまり先にしすぎない方が良い。エネルギーの未来に関していえば、15年が適当であると私たちは考えている。

エネルギーの例における3段階をまとめると以下のようになる。

❶望む結果が多様であることを踏まえた、焦点となる質問を考える。
❷シナリオを作り、最初の賭けをする。
❸経時的に追跡するための兆候を明らかにし、必要に応じて経路を修正していく。

望む結果が多様であることを踏まえた、焦点となる質問を考える

企業の競争戦略において、望む結果とは通常、その企業が有利になる未来とされている。しかし、エネルギーの未来のように広範に及ぶものの場合、望ましい結果というのは当事者によって大きく異なってくる。政策立案者は、パリ協定の達成可能性を証明できるような結果を望むかもしれない。電力事業者は、既存インフラをできるだけ変更せずに新しいエネルギーシステムを導入できる状態を望むかもしれない。反炭素主義の環境保護論者は、すべての石油・ガス会社が廃業するか、すべての採掘活動を停止するかして別のビジネスモデルを採用するような結果を望むかもしれない。一方で、そうした石油・ガス会社は、化石燃料をどうにかできるだけ長く使い続けられる未来を望むかもしれない。

大切なのは、自分が望む状態をできるだけ具体的に、シナリオ作成において検討すべき焦点となる質問に変換することだ。自分が下すべき判断を明確に示すような質問にする必要がある。その際には、妥当なシナリオの中で自分が望む最も楽観的なパターンを探れる

だけの柔軟性を持たせつつ、自らに不利となるパターンも想定しておく必要がある。

この例でいえば、焦点となる質問は「2035年までにエネルギーシステムはどのように進化し、それがエネルギー生態系全体にどのように影響するか」などといった、幅広いものが適当だろう。

シナリオを作り、最初の賭けをする

実際のシナリオ作りは、初めて挑戦する際には特に、〝想像〟の中でも最も時間のかかる部分だ。船乗りの例でも、時間とともに海面の観察は自分で行うようになり、潮見表を確認する回数が減っていったように、最初の土台さえしっかりしていれば、シナリオの更新や進化を厳密に行う必要性というのは時間が経つにつれて薄れていくと考えて間違いない。

この活動の目的は、分析することで行動に移す勇気を得ることに慣れている多くの人にとって、異質なものに感じられるだろう。ますます高度化するデータや分析技術を活用することで将来を確実に見通せる能力、というものを高く評価している企業がほとんどだからだ。しかし、多くの企業が事業を展開している今日の環境は複雑化の一途をたどっており、そうした能力というものは成り立たなくなっている。シナリオを作る目的は、絶対的な確実性ではなく「確信をもってイメージする」ことである。結局のところどのシナリオも現実にはありえないという謙虚さがあってこそ、良いシナリオとなるのだ。しかし、正しく作りさえすれば、そうしたシナリオは行動（まさに例の船出のように）を起こす動機付けになるような、十分な信憑性と具体性を備えることができる。

優れたシナリオとするために重要なのは、望む結果や焦点となる質問に影響を与えうるすべての原動力を包括的に理解することだ。焦点となる質問に対して意味のある影響を与える原動力だけに重点を置くよう分類や絞り込みを行い、そのうちのどれがすでに「いつ」の段階にあり、不確実なものとして扱うべきではない（タイミングに関するものを除き）のか、そしてどれが本当に不確実であり、最大の影響を及ぼす原動力のサブセットとなる（すなわち「もし」の段階にある）のかを、正直かつ自信を持って明確化する必要がある。

検討すべき妥当な原動力は数多く存在する。ジェフたちは、一流の思想家らによる研究や見解に基づき、原動力となりうる92項目を列挙した。しかし、その長いリストをよく見てみると、興味深くはあるものの焦点となる質問に対する影響が薄いという項目もある。

こうした項目は、〝想像〟のエクササイズにおける脇道のようなものだ。その他の項目のうち、本当に不確実性の「もし」段階にある項目もあれば、その段階を通過して「いつ」（または、この例では「どのくらい」）に移行しているものもある。こうした項目には、たとえば以下のようなものがある。

- 世界のエネルギー需要は上昇を続けるが、成長率は低下を続ける。
- 技術革新は継続する。
- 脱炭素化は世界的な必須課題となる。
- 世界的な経済成長と人口増加が加速する。
- 温室効果ガス排出量は減少するが、２０３５年の目標は達成できない。

世界ではこうしたことについて既定事実か否かという議論もまだあるようだが、ジェフたちはそれについて論じると本題から逸れてしまうと判断した。代わりに、重要と思われる事項、つまり社会、技術、環境、経済そして政治のトレンドという5つのグループに当てはまる、残り19の不確実性や「もし」段階にある項目に注目することとした。以下がその一例だ。

- 新しい技術やプロセスの登場は、エネルギーの最終需要にどのような影響を与えるのか。
- 個人の声が集まれば、削減率に有意な影響を与えられるのか。
- 経済、気候、社会などさまざまな側面から、今後どのような国際協力が考えられるか。
- ハイドロカーボンへの投資や、温暖化ガス排出の多いビジネスモデルに依存する企業による資本調達はどうなるのか。

これら19の中でも不確実性の性質はさまざまであり、今回の検討対象であった2035年までのスケジュールに関連するものについては特にその傾向がある。「もし」から「いつ」への局面変化の兆候が見られるものもあるが、そうした局面変化が2035年までに起こるか否かというのが最も重要な不確実性として残る。たとえば、脱炭素社会のインフラを構築・運用できる有能な人材の存在、エネルギー貯蔵の改善速度、気候変動への持続的な対応などがその例だ。他の事項、たとえば、社会や顧客の声、必要不可欠な原材料の入手などは、当分は「もし」の局面から動かないものと思われる。

ジェフたちは不確実性を選んだあと、シナリオの大枠を考えた。これは、2つの不確実性を組み合わせてシナリオの大枠を決めるという、シナリオプランニングにおいて最も重要な選択の1つだ。1970年代にシェル社から生まれたシナリオプランニングのプロ集団は、やがてコンサルティング会社のグローバル・ビジネス・ネットワークとなった（その後、モニターグループ〈現モニター デロイト〉の傘下となった）。彼らはその昔、どんな革新を加えようとも、古き良き2×2（ツーバイツーマトリクス）が実は一番うまくいくということに気づいていた。これにより4つの独立した、理想としては、洩れなく重複もない（MECE）未来像が生まれるのだ。

第3の重要な軸があると主張してさらに複雑に考えたい人がいるとすれば、そんなことはやめておくべきだ。2×2にもう1つの次元を追加すると気が遠くなるほど複雑になり、構築し、説明し、対策を講じることがほぼ不可能になる。

ここでの課題は、最も根本的な要因と結びつき、あらゆる不確実性に対する最大の説明力を持ち、シナリオの相対的な実現可能性が変化しても時間やさまざまな環境においてそうした説明力を維持する可能性の高い、2つの軸を選択または作成することだ。

エネルギーの未来に関していえば、2×2のシナリオの図にあるように、気候変動に対する社会の声と国際的な経済協力の度合いに関するものが、この条件を最もよく満たしているといえる。

エネルギーの未来のシナリオ

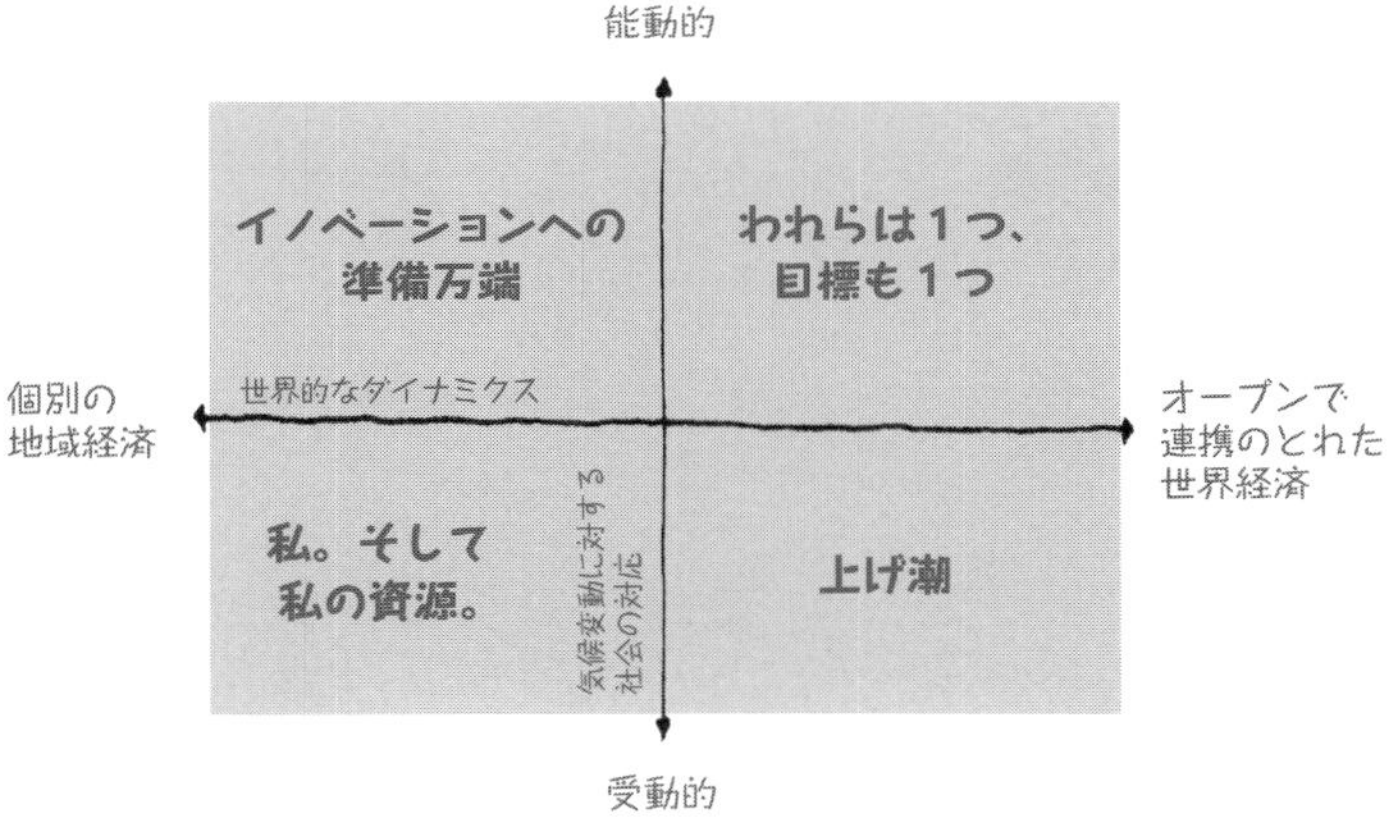

気候変動に対する「能動的」な対応と「受動的」な対応の両端を示すY軸において、社会とは、一般的に考えられている消費者（すなわち、「消費者はグリーンなバリューチェーンを求めており、それに応じて価格プレミアムを支払う意思があるか」）だけではなく、他の方法で影響を及ぼす立場にあるビジネス・政府関係者も含んでいる。そして、国際的な経済協力の性質と深さを表すX軸は、政策の影響力のみならず、資本フローの程度、新しい技術標準の策定や共有の有無、共有知的財産や原材料へのアクセスなどの面での協力などによる異なった結果を表すものである。

これらの軸を使うことで、同じくらいの妥当性を持つ2035年までのエネルギーの将来像を、4つのパターンで表現することができる。

単なる寄せ集めでない優れたシナリオは、3つのテストに合格しなければならない。第1に、説得力のあるナラティブなストーリーを書く必要がある。それは、シナリオに命を与え、それがどうしてさまざまな観客に対して（望まなくとも）一般的に信じられるような形になったかを説明するものだ。第2に、すべての重大な不確実性がそのシナリオの中でどのように解決されるのかを説明しなければならない。第3に、理想的にはすべてのシナリオに、定量的モデルを裏付けとして設計すべきである。それは、優れた計画および追跡の仕組みと、「プラグコンパチブル」（互換性がある）で、一般的な指標を使用し、広く認められたベースラインを参照するものだ。エネルギーの未来を考えるにあたっては、定量的なモデルには「一次エネルギーの総需要」や「電力消費に占める再生可能エネルギーの割合」など、国際エネルギー機関などが定めたベースラインと比較できる指標を含める必要があった。

ナラティブとはどういう意味かというと、ジェフたちが作った「われらは1つ、目標も1つ」というシナリオを例にとると、概略は以下の通りだ。

「さまざまな気候変動ショックを受けた後に世界が団結し、まだ見ぬ方法で協力し合い発展していく様子を想像してみよう。健康、環境、経済、社会に対する長期的な集団的利益への消費者の支持が劇的に高まったことで、低炭素技術の商業化を成功させ、抜本的な脱炭素化に熱心に取り組むような世界的な協力態勢が作り出されている。エネルギー関連会社の間では、消費者の需要に対応するために、利用しやすい低炭素技術を拡大すべく熾烈な競争が繰り広げられている。テクノロジー企業は、広く使われている製品の影響を軽減すべく、バリューチェーンの効率化に向けた投資を行っている。各国政府は国境を開放し、網の目のようにつながったサービスを可能にし、世界的な炭素価格決定メカニズムを導入している」

経時的に追跡するための兆候を明らかにし、必要に応じて経路を修正していく

〝想像〟によるProvokeの最終段階では、不確実性を乗り切っていく中で注意すべき点を明確にする。こうした点は兆候（主に定量的）であり、道しるべ（主に定性的）でもあるので、時間が経つにつれ、より直感的な方法でモニタリングできるような感知システム

を作っておく必要がある。船乗りが「診断を下そうとする医師のように目を光らせる」のと同様に、常に新しい情報を取り入れて（ただし最も関連のあるソースからのみ）必要に応じて経路を修正していくのだ。

これらの兆候や道しるべは、不確実性がトレンドに変化する時期を知るための最良の情報源の1つとなる感知システムの中枢となるものである。たとえば、「われらは1つ、目標も1つ」のシナリオにおける兆候には以下のようなものがある。

- 世界GDP成長率が約2～3％（一方、たとえば「イノベーションへの準備万端」では1・5～2・5％）
- 先進国における重大な気候変動ショック
- 発電量に対して再生可能エネルギーの占める割合が50～55％に到達（一方、たとえば「上げ潮」では35～40％）
- 電気自動車の導入が（一部地域だけではなく）世界中で加速し、拡大率も上昇
- 総固定資本形成が2035年までに世界中で増加

これらは、ジェフと〝想像者〟たちが、エネルギーの未来と気候変動への影響に関する

想像力を高めるために、今注目しなければならないと考えたサインのほんの一部である。このような道しるべや兆候をより即時的に監視できる高度なシステムを今後も利用できるのは、喜ばしいことだ（注：モニター デロイトにおいてGnosisというＡＩを活用したシナリオの感知システムを開発し、世界的に展開）。

将来的にはすべての組織が、船乗りが天候の変化を感じ取るように、情報を自然に取り入れられ、より直感的に対応できるようになることを願い、またそうなると信じている。

そうした情報でどのような行動をとるかは、もちろん、それぞれの組織が望む結果次第だ。

第7章
配置（Position）：変化のための準備

昔あるところに、ジェフという男がいた。彼は仕事を辞め、持ち物のすべてを売り払い、付き合い始めたばかりのガールフレンドにもそうするように頼んだ。そして、2人はヒッチハイクの旅に出かけ、1年間故郷に戻ることはなかった。これは実際にありそうな話だ。

本当のところは、現実に行われた実験のエピソードに少し虚構を交えて要約したものである。もう少し長い、真実に近い話は、もっと複雑なものだ。

ジェフは大学卒業からちょうど1年経つころ、コンサルタントとして働いていた。いまだ馴染むことのできない実業界での生活のために、物を書いたりグレイトフル・デッド（米国のロックバンド）のライブへ行ったりするボヘミアン的な放浪生活を投げ捨てたことについて、彼はこれで良かったのかと悩み始めていた。ジェフは、昨年の夏、エルフというニックネームの大学時代の友人が訪ねてきたときのことを思い出した。エルフは、世界中を巡るバックパック旅行からちょうど帰ってきたところだった。ジェフは、自分も同じように旅をして、もう一度書くことに挑戦するべきではないかという思いが頭から離れなくなった。

1990年代初頭、世界の旅行事情は今とはまったく異なっていた。携帯電話はまだなく、故郷に残してきた人々と連絡を取る方法は、高額な公衆電話で手早く話すか、専用の薄い便箋に小さな字を詰め込んで航空便で送るかしかなかった。旅行の候補地や現在の政治情勢について知ろうとしても、旅行サイトはおろかパソコンも普及していなかったため、ユースホステルで旅行者同士が交換する口コミの情報か、『ロンリープラネット』(旅行ガイドブックシリーズ)に書かれた古い情報に頼るほかなかった。また、リスクを承知のうえでソーシャルメディアに投稿したとしても、満足いく金銭的見返りを得られる保証はまったくなかった。エルフがジェフに授けたアドバイスの核心は、「常にプランBを用意しておき、あまり計画しすぎないこと」だったが、確かにそれは理にかなっていた。

幸運にも、ジェフはそのころ、ある女性と付き合い始めていた。彼女は来春大学を卒業する予定であり、卒業後にどうするかはまだ決まっていなかった。2人はある計画について話し合うようになり、ついにはその構想を練り上げた。簡単に述べると、2つの目的を同時に達成するような実験を設計しようとしたのである。目的の1つは、自分たちの関係が時の試練に耐えるものかどうかを明らかにすること。もう1つは、ジェフが物書きとして生計を立てることができるほど、書くことへの集中力を持っているかどうかを確かめることであった。少なくとも彼らは、上記2つの点で、「もし」が「いつ」に変わる局面変化の初期段階にあるかどうかを試すためのメカニズムを構築したいと考えた。理想的には、この旅行がその局面変化の触媒となりうることを期待したのである。

2人はエルフのアドバイスに導かれながら、1年かけてバックパッカーとして世界中を旅する計画を立て、大小さまざまな予想外の出来事に備え、常にプランBを考えておくようにした。彼らは2人がともに行ってみたい場所をいくつかリストアップするとともに、片方が魅力を感じない場所も入れた個人別リストも作った。わずかながら飛行機のチケットも事前に購入したが、搭乗日は未定のままにしておいた。ジェフが書いたものがまったく売れない場合に備えて、計画した訪問先の大陸各地で渡り労働ができるよう、いくつか仕事の当たりをつけておいた。売り払える持ち物はすべて売り、1年間のためになけなしの資金をかき集めた。

そして2人は旅立った。

私がこれを書いているのは、それから25年後のことである。旅行から戻って以来、ジェフはコンサルタントとして働いており、物を書くことは彼のメインのキャリアというより

我が社の戦略的プランニングには、
別のアプローチが必要かもしれません。
「様子見をしろ」ということか。
TOM FISHBURNE

は仕事の一側面に過ぎない。だが、もっと良い知らせもある。ジェフとマーサが帰郷してすぐに結婚し、かわいい4人の息子(現在は大人になっている)を育てながらすばらしい時間を過ごしてきたということである。旅の途中やこれまでに起こったことについては、別の機会にでも話そう。現在の目的との関連では、実験自体の設計こそが私たちの最大の関心事である。

まだ不確実な「もし」の局面にある場合、「いつ」への局面変化をProvokeすると同時に、その局面変化に入った時点を把握するために起こすことのできる、3つの行動がある。これらの行動の中には自然に行われるものもあり、こうした自然のProvocateurに気づかない多くの読者にとっても、それらは馴染みのある行動だ。これらの行動を起こす際の秘訣は、先見性ある目的を持って実行することである。

位置づけ（Situate）

さまざまなシナリオを通じて未来がどのように展開するかを感じ取りながら、自分を位置づけるのに役立つ行動とは、望ましい未来が実現する可能性を最大化するような賭けを行う行動である。ジェフの初期の外聞の悪い恋愛遍歴に深入りするのはやめておくが、彼は生涯をともに過ごすことができる女性（より正確には、生涯にわたり彼に我慢してくれる女性と言った方がよいかもしれない）と出会う可能性を最大化するために、人脈や交流関係の選択を通じて自分自身を〝配置〟した。

実験の組み立て（Frame）

何を達成しようとしているのかを理解し、行動を起こせる状態になったら、実験を組み立てる必要がある。仮説が実現するかどうかや、仮説が実現するような方法で物事を触発できるかどうかについて、データが得られるような形で実験を組み立てるのである。ジェフとマーサが彼の物書きの仕事をめぐって組み立てた実験は、その両方を成し遂げることができた。まず、集中力を発揮し、心の領域を解放し、物を書くことを自分のキャリアとするだけの素質をジェフが持っているかどうかをテストする。そして、華々しいデビューを飾るための強力な作品群をジェフが執筆できるようにすることで、物書きとしてのキャリアを開始できるかどうかをテストする。そのために、この旅行はジェフに十分な自由時間と材料となる経験を与えるように設計されていた。

テスト（Test）

テストとは、もちろん、設計した実験の実行である。しかし、このProvokeという能動的な作業は、ただ引き金を引くだけで終わりではない。その大部分は、「もし」から「いつ」にシフトするまでの間、常に結果を監視することで、新しい賭けやさらなる実験の組み立て、新たなテストの開始をできるようにするという作業からなる。残念なことに、ジェフの物書きとしてのキャリアに関しては、彼は編集作業が好きではないということと、机に向かって執筆に専念するよりも、ハイキングに出かけたり、戸外で長時間過ごした後に皆でビールを飲んだりする方が好きだということが早い段階で明白となった。書く内容をフィクションから詩や哲学に変えたり、執筆の時間帯や場所を変えるなどの新しい実験を行ってはみたが、それによって局面変化が訪れることはなく、ジェフがコンサルティングの仕事に戻るのは時間の問題であった。

「もし」の局面におけるこれら3つの行動の際立った重要な特徴は、相互に連携し、一連の行動としてしばしば繰り返し実行される1つのシステムとして扱う必要があるということだ。一方、「いつ」の局面におけるProvoke（次章で詳しく論じる）は、相互に排他的な結果を伴う個別の選択肢を表す。

しかし、一連の行動の中のどのステップも、深さにおいては大きく異なる。たとえば、役者がどの賭けもヘッジする必要がないほど十分な自信を持っていて、テストの積み重ねにより一方向へと前進ができるため、〝配置〟が必要ない場合もある。また、厳選した位置に一定期間留まることで、潜在的な競争相手のレーダーから逃れ、その間に優位性を確立することができる場合もある。以下のエピソードの主人公たちが、意図的にProvocateurとして行動していたかどうかは定かではないが、ともかくも彼らは、振り返ってみると結果としてすばらしい行動の事例を示している。

ビジネスモデルへの賭け

2008年の初め、ペンシルバニア大学ウォートン校の4人のクラスメート、ニール・ブルーメンソール、アンドリュー・ハント、デビッド・ギルボア、ジェフリー・レイダーは、なぜオンラインで眼鏡を処方して販売できないのか不思議に思っていた。同じことを考えた者がいなかったわけではないが、大半の人は、そのようなビジネスモデルは持続不可能だと考えていた。眼鏡市場には、ごく少数のグローバルな大企業が、ほぼすべての有名ブランドのフレームと流通チャネルを支配しているという特徴があった。控えめに言っても、参入障壁が非常に高いのだ。また、眼鏡類をオンラインで購入するというアイデアは、実際に着用してみることが重要な買い物であるため、eコマースの黎明期には失敗せざるをえないと考えられた。当時は、本をオンラインで購入することはできても、たとえば自分の好みの服をオンラインで購入することはできないと思われていた。しかし、状況が変わる兆しはあった。アイウェアのD2Cブランドであるワービーパーカーは、小売業が「実店舗」と「オンライン」に分かれている局面から「オムニチャネル」へとシフトさせるProvocateurであった（注7－1）。

4人の共同創業者は、市場を研究してきたであろう他の多くの企業に先んじて、人間味のある小売体験が効果的にオンラインに移行できることを感じ取り、それを実証することができた。そして、「もし」から具体的な「いつ」へのシフトを引き起こす一因となったのである。そこでは、2つの要因の収束が鍵を握っていた。すなわち、急拡大するeコマース市場およびオンライン・ショッピングへの抵抗感が薄れていく米国人と、「中間業者」のコストが肥大化し、ディスラプション（破壊）の機が熟しつつある眼鏡産業という2要因である。

このような背景のもと、ワービーパーカーは垂直統合型の企業を立ち上げ、顧客への直接販売モデルによって流通システムの無駄を省き、節減できた分を消費者に還元した。このことが、同社の顧客体験に対する深い情熱と、フィードバックへの積極的対応および反復への意欲と相まって成功を牽引し、同社の2020年末の時価総額はなんと30億ドルに達した。ワービーパーカーという社名は、1960年代のヒッピー文化の申し子であるジャック・ケルアックの日記に由来するというが、そのような社名を持つ企業にしては、すばらしい健闘ぶりではないだろうか。

創業者たちは当初、低コスト、オンライン、便利、顧客志向を武器に大手競合企業とは異なる選択肢を提供する位置に自社を〝配置〟し、ビジネスモデルという点では総じて十分なチャンスがあると確信していた。しかし、同社の持続的成功の大部分は、継続的な設計とテスト、市場に応じた再配置を厭わなかったことに起因している。これは、設立時から同社のDNAに刻み込まれている特徴である。このビジネスモデルの有効性が明らかとなり、ワービーパーカーが局面変化を成し遂げた後も、行動し常に調整することを重視する同社の姿勢に変わりはない。

事実、創業者たちが時間をかけて行った一連の行動には、ガイ・ラズのポッドキャスト、「どのようにして構築したか（How I Built This）」が好きな読者にとってはお馴染みの物語性がある。眼鏡を試着してフィット感や見栄えを確認することの重要性に関して、ウォートン校のクラスメートたちから早い段階でフィードバックがあり、彼らは顧客が5本まで無料で試すことができるようにした。また、これも早い段階でのことだが、ワービーパーカーの店舗で眼鏡を試着したいというEメールがアーリーアダプターの顧客から届いたため、共同創業者のブルーメンソールは、そうした顧客たちを自宅に招くことにした。顧客からのフィードバックにより、チームは実店舗へと拡大する自信を得た。最初は期間限定のポップアップストアや既存の小売店内のショップという形態であったが、やがては米国とカナダに125店以上を展開するまでになった。売上の大部分は依然としてオンラインであり、それが同社の基本的なビジネスモデルであることに変わりはないが、実店舗の存在は、市場からのフィードバックを受けとめて進化しようとするワービーパーカーの意欲の表れである。また、2016年から登場した、黄色いスクールバスを改造した移動式のポップアップストアなどを見ると、彼らがどのような外観の店舗がふさわしいかをテストし、繰り返し試していることが伺われる。

ワービーパーカーは、「もし」という不確実な局面を短期的にも長期的にも自社に有利なように活用した企業の一事例である。テスト――学習と、Provoke――引き起こしを交互に繰り返しながら3種類すべての「もし」のProvokeを通じて行動する姿勢は、同社のマインドセットと文化に深く根付いている。そして、彼らは局面変化の中を移動する際、自社がかつてのインカンベント企業（すでに市場で地位を築いている企業）と絶えず一線を画すことのできるような市場の変化を、さらに直接的に〝推進〟する（次章で詳しく取り上げる、「いつ」のProvokeの1つ）ことすらできていたのである。子ども用眼鏡類への進出、処方箋アプリの導入、拡張現実を利用したバーチャル試着機能の構築など、ワービーパーカーは（現在のところ）この業界の原動力となっている。

「もし」の局面では、あたかもジェットコースターが頂上地点まで登り詰めるかのようにトレンドが高まり、運動エネルギーが蓄積していく。ワービーパーカーは、この局面を進むための1つのモデルに過ぎない。時には前進の勢いを保ち、自らが確信するビジネスモデルが実を結ぶまで休むことなく推進する力を持つ場合がある。また、局面変化を押し進めるための機が熟すまで、前線基地で待機するという「能動的忍耐」が必要な場合もある。

前線基地

新聞を読んだり、投資ポートフォリオを監視したり、留守中に自宅の玄関を見守ったり、その他のさまざまな日常の雑事を済ませたりする際など、現在人々は、1日に何十回となくサブスクリプション型のビジネスモデルに接する機会がある。このサブスクリプションというビジネスモデルを導入可能にした第1の功労者は、おそらくズオラ（Zuora）という企業だろう（注7-2）。

ズオラの設立はかなり昔のことであり、少なくとも同社の設立間もない時期には、今日のユニコーン企業の多くはまだ創業者の頭の中でさえ明確な形をなしていなかった。同社は2007年にティエン・ツォの独創的な思い付きにより設立された。ツォは、サービスとしてのソフトウェア（SaaS）という考え方を基盤とするセールスフォース・ドットコムの最高戦略責任者として、サブスクリプション・モデルの加速的導入を進めてきた中心人物だ。ツォは早い段階から、企業が顧客満足度をより重視するようになると、製造中心からサービス中心へとシフトしていくだろうと考えていた。そして、そのシフトを可能にするためには、従来のエンタープライズ・リソース・プランニング（ERP）システムとは異なる課金システムが必要となるだろうとも考えていた。

ツォは、ウェベックスから引き抜いた他の2人の幹部とともに、この分野に参入してくると予想される企業のバックボーンとなるeコマース・ソリューションの構築に着手した。ツォは当初から、はるかに資金力のある大規模なERPプロバイダーが、ズオラをたとえば課金だけに焦点を当てた一面的ソリューションに分類しようとする危険性があることを認識していた。そこで彼は、サブスクリプション・エコノミーを普及させるとともに、サブスクリプション型ビジネスモデルで事業を展開する企業が必要とするあらゆるサービスを提供することでズオラが確実に利益を得られる位置に立てるよう、長期的キャンペーンを開始した。

サブスクリプションが有力モデルとなる日がくることを確信し、絶え間ない〝配置〟

のProvokeに取り組む典型的企業としての姿が、しだいに明らかになってきた。ズオラは、サブスクリプションを広く利用する大企業を顧客とする前に、設立間もない小規模な企業にサービスを提供しながら好機を伺い、課金システムの根幹を提供する以上の価値を生み出す方法を最適化する作業に取り組んでいた。スタートアップ企業と働くことで得られた利点の1つは、初期段階にある企業は、自社のコアコンピタンス以外のことに集中する余裕はほとんどないため、ズオラが満たされていない顧客ニーズをより鮮明に把握できたことである。

最近のズオラのサイトを熟読すると、同社が顧客に提供することのできたサービスの数々が見えてくる。

- 「a社のすべてのモビリティ・サービスを1つのプラットフォームに統合し、シームレスな顧客体験を実現できるようにしました」
- 「課金、レポート作成、価格設定、パッケージングを改善するために、b社のプラットフォームやプロセスと統合する新しい機能を迅速に構築できるようにしました」
- 「柔軟でスケーラブルな価格設定とパッケージング、顧客インサイト、財務報告をc社に提供することで、同社が顧客とビジネスをよりよく理解できるようにしました」

また、ズオラがこの局面変化の波に効果的に乗ってきたこともわかる。幅広い分野にわたりサブスクリプション・モデルが爆発的に普及していく中、現在ズオラは、シュナイダーエレクトリックやNCRなどのより大規模な企業を支援する立場にもある。

これは偶然に起こったことではない。ツォはズオラの設立当初から、サブスクリプション・エコノミーのソートリーダーであった。彼はジャーナリストたちに対して、収益モデルの変化やサービスとしてのソフトウェア（SaaS）について広く自分の見解を語るとともに、サブスクライブド・ウィークリー（Subscribed Weekly）で盛んにブログを書いて局面変化を引き起こそうとした。そしてそれが、彼の立場が受け取る利益をいっそう急速に増大させることにつながったのである。ズオラはまた、サブスクライブド・マガジン（Subscribed magazine）やサブスクライブド・ポッドキャスト（Subscribed podcast）を運営し、サブスクライブド・アワードを提供してきた。2018年、ツォはサブスクリプション・エコノミーに関するビジネス戦略書、『サブスクリプション――「顧客の成功」が収益を生む新時代のビジネスモデル』を出版した。

同社の関与により、ウォール街のアナリストたちはSaaSのビジネスモデルの評価と分析の方法を変え、株価収益率（P／E）などの指標ではなく、売上高経常利益率や既存顧客維持率、「成長効率性指標（GEI）」などの指標を好むようになっている。ツォとズオラは、「あらゆるもののサービス化」を主流にする局面変化を引き起こし、またそこから恩恵を受けた重要なProvocateurであった。

忍耐ある〝配置〟によるProvokeを、長期的優位性を確立する方法として効果的に利用した人物や企業の例は、他にもたくさんある。アマゾンの設立をめぐるさまざまなエピソードについては、あまり信憑性がないものも混じっているが、ジェフ・ベゾスが、書籍という分野で足がかりの前線基地を作れば、やがて自分が必然的に世界一の富豪になり、自分の会社がこれまで世界に存在したことがないような巨大小売企業になるようなビジネスモデルと経験を構築することができると早い段階から考えていたのは確かである（注7－3）。

しかし、この種のProvokeに関する格好の事例は、学術界にこそ見つかるものである。MIT教授のロザリンド・ピカードは、MITメディアラボのアフェクティブ（感情的）・コンピューティング研究グループの創業者であり、そのディレクターも務めている。人工知能システムが人間の表情から感情を推測できるようにするというコンピュータ・サイエンスの一分野は、すべてピカードによって創設された。この技術は、広告代理店から自動車メーカーに至るまでさまざまな業界の企業に利用されており、すでに十分な局面変化を遂げている。しかし、１９９０年代半ばから後半の時点では未だ「もし」の段階にあり、本当に普及するかどうかは非常に疑わしかった。

ピカードが我々の同僚に聞かせてくれた話では、彼女は当時、コンピュータと感情の間に何らかの関係があるという考えを強く押し出す前に、科学的基盤を持つ研究者としての実績確立に集中することを意識的に選んだという。そのころの男性中心のコンピュータ・サイエンス界では、感情は真剣に取り組むべきテーマとは考えられていなかった。ピカードは、自分がもはや「感情のおばさん」と思われることはないと確信が持てるまで、信号処理の専門家としての能力に周囲の関心を向けさせた。つまり、いつかアフェクティブ・コンピューティングの誕生を促す小さな一押しができるような位置に自らを〝配置〟することで、自分にとって魅力的な未来をProvokeしようと行動したのである。今日、アフェクティブ・コンピューティングは２０２５年までに１４００億ドル規模の産業に成長すると予測されているが、これは25年前に１人の女性が忍耐強く行動した成果と言ってよい（注7−4）。

これまでのエピソードには、ビジネスモデル全体やチャンスにそれなりの自信を持っていた主人公（ワービーパーカー、ズオラ、アマゾン）か、あるいは、結果を出そうと焦らず、いくつかの前提条件が整うまで待つことの重要性を認識していた、先見性ある主人公（ピカード教授）が登場した。しかし時には、進むべき道に不確実な要素があまりにも複雑に絡み合っているため、正しい方向性に関する根本理念を主な導きの糸とし、一歩ずつ進むしか選択肢がない場合もある。

複数の不確実な進路を紐解く

一大帝国を築いたレストラン、シェイクシャックとその経営者、ダニー・マイヤーの華々しい成功は、今ではファストフードから「ファインカジュアル」への必然的なシフトと偶然重なっただけのように見えるかもしれない。しかし、２００１年の設立当時、このトレンドは決して必然的なものではなかった。その局面変化が起こるには、少なくとも部分的には、マイヤーが行った、このビジネスモデルに関するさまざまな角度からの研究が必要であった。しかし、マイヤーは早い時期から、「シェイクシャックに関わるあらゆる方々や企業、地域のために我々ができることを（Stand For Something Good）」したいと思っていたのである。

シェイクシャックの元々の構想は、現在の姿とは似ても似つかないものだった。ニューヨークの小さなホットドッグ・スタンドとしてスタートした同社の目的は、グローバルな一大現象を引き起こすことよりも、マディソン・スクエア・パーク近隣（彼が当時所有していた2つのレストラン、イレブン・マディソン・パークとタブラの近辺であるが、どちらの店も現在は彼の所有するレストランには残っていない）のコミュニティを深化させることであった。マイヤーが当時、何が可能かを知っていたら、複数の異なる不確実性を同時に探っていたかもしれない。すなわち、高級食材を使って、これまでファストフードとされてきたものを売ることは可能か。ビジネス上の利害とコミュニティの利害を一致させることは可能か。多様な顧客をさまざまな方法で満足させるのではなく、シンプルさと特徴的な強みを基盤にして位置取りすることは可能か、などである。

しかし、不確実な「もし」の局面で行動する最善の方法は、たとえ将来のシナリオをうまく描けていたとしても、全体を一度に実現しようとしないことだという場合もある。代わりに、未来がよりはっきりと見えてくるまで中核理念に沿って行動し、小さな前進を続けるのである。マイヤーはまず近隣に注目し、他のレストランのシーズンオフのコート預かり係など、地元の労働者を支援する方法を見つけた。

マイヤーはマディソン・スクエア・パークに収益の一部を投じて、次の冒険につながるすばらしい体験を創出することに焦点を当てた（注7−5）。ファストフードは短時間で回転させることに集中しなければならないという長年の思い込みを捨て、人々は質の高い食材とフレンドリーな顧客体験を重視すると考えた。少なくとも今日の規範の顧客中心主義（あるいは少なくともそういう主張）を考えると、これはおそらく最も直感に反することだが、彼はまず内側に焦点を当てたのである。

「シェイクシャックのミッションの中心にあるのは、ダニー・マイヤーの理念、『啓発されたホスピタリティ』である。要するに、優先事項を設定するということだ。まず従業員に対して、次に顧客に対して、そして外部のコミュニティ、サプライヤー、最後に投資家に対して、歓待の雰囲気をつくるという考え方である。……シェイクシャックのビジョンは、優れたチームを採用して育成し、高級食材によりメニューを構成し、地域社会とかかわり、シャックの店をデザインするなど、ビジネスのあらゆる側面において Stand For Something Good を実現することだ。それはチーム、ゲスト、コミュニティ、サプライヤー、投資家など、すべてのステークホルダーに対して行動を呼びかけており、この理念を共有するよう積極的に働きかけているのである（注7−6）」

この原稿を書いている時点で、シェイクシャックは全世界に300店舗近くを展開しており、パンデミックによって短期的な計画がすべて白紙に戻ったものの、どうやら局面変化を迎えているようである。それは、ことによるとダニー・マイヤーが常に想像してきたような形ではないかもしれないが、彼の理想に沿った変化であろう。ごく最近に語った言葉の1つから判断すると、マイヤーが「もし」このモデルが成功しなければという仮定に基づいて行動することはもはやないようだ。「私たちは、もう後戻りすることのない臨界点に達しました。これはすばらしいことだと思います（注7−7）」と、彼は述べている。

多くの人々は気づいていないかもしれないが、我々は毎日、何千人ものProvocateurたちの猛攻撃にさらされながら生活している。Provocateurたちは（自身の主義やブランドに基づき）位置取りを行い、何が有効かを確かめるために一連の実験を組み立て、テストを行っている。ソーシャルメディア上のすべての人がそうだ。確かに、休暇の写真を適当に投稿して「いいね！」の数には目もくれないような、ソーシャルメディアの初心者もいる。しかし、ソーシャルメディア上の投稿の大半は、話題になりうる何かにヒットしたときの反応シグナルを読み取ろうとしている人たちによるものだ。TikTokの投稿者から新進気鋭のインフルエンサーに至るまで、我々は彼らに囲まれている。「彼ら」とは、つまりは我々のことである。

それでは、ソーシャルメディアの世界では行動して反応を見たいという衝動が自動的に起こり、中毒性さえあるように思われるのに、画面を閉じてオフラインの世界に戻ると、その本能が抑制あるいは抑圧すらされてしまうように見えるのはなぜだろうか。それは、匿名の小さな画面の陰に隠れていないからだろうか（皮肉なことに、デジタル・ソーシャルメディアはしばしば逆効果を引き起こすため、これは偽りの安心感だ）。私生活から職業人としての生活へと切り替えているからだろうか。我々を守ってくれる大勢の支持者が潜んでいて、適切な投稿をしさえすれば大挙して集まってきてくれると感じられるからだろうか。これらのすべてが、そしてそれ以外についても、第Ⅰ部で論じた致命的欠陥に多くの原因を持っていることはほぼ確実である。

我々は皆、肩書きや他者への相対的立場、年齢、経験などに関係なく、Provocateur になる力を持っている。イーロン・マスクの一家やアレクサンドリア・オカシオ＝コルテス下院議員の一家、ヴァージン・グループの創業者であるリチャード・ブランソン一家などの行動がマスコミで賞賛（あるいは中傷）されているのを見て、そんなことはセレブリティだけのすることだと思い込むのは簡単だ。しかし、もしこうした人々だけに任せていたら、不確実性の中で我々が前進する際、彼らの思い付きの行動の正しさに過度に依存することになる。組織や政府、社会の慣性を克服するためのスケールアップした前進力を解き放つには、Provokeを全員の仕事とする必要がある。

数年前、私たちの会社に、熱狂的なファンタジー・フットボール（自分の好きな選手を選んで〝仮想チーム〟を編成しておくと、その選手たちの実際の試合でのプレー1つひとつに応じて自分の仮想チームにポイントが加算されていき、成績・勝敗が決まるという、リアルとバーチャルが連動するスポーツゲーム）のファンである学部卒のアナリストが入社してきた。彼女はすぐさま、所属するオフィス、自分のプロジェクトチーム、プラクティスエリア（彼女が所属する専門家のコミュニティ）など、職場で見つけられるほぼすべてのリーグに参加した。そして、彼女はかなりの腕前だった。

彼女の成功の鍵の1つは、大学時代に取得した、あるプラットフォームのライセンスを持っていたことだと思われた。そのプラットフォームは、一般公開されているデータを大規模に分析かつ可視化して、話題になっているトピックや、これらのトピックの相互関係（これが重要なことだ）を理解できるようにすることができた。彼女は毎週、ファンタジーのプレーヤーの動き（トレード、追加、ドロップなど）に関する世界中の会話でそのプラットフォームのための技術を磨いていたようで、それを使って毎週ラインナップを調整する際に競争相手よりも素早い動きができていた。しかし、彼女が最近語ったことによると、単にそうしていただけではなかったのである。

彼女は、ビジネスモデルの一環として、市場や顧客の語られないニーズ（顕在化したニーズではなく）を理解するためにさまざまな方法を用いる当社のコンサルティング業務に携わっていた。大学でデータ・アナリティクスを専攻していた彼女は、大規模かつリアルタイムのデータセットを活用することで、他者よりもわずかでも時間的優位性を獲得する力に魅了されていた。しかし、自分の情熱を社交の場で語っても、多くの人をすぐに飽きさせてしまうことがわかった。そこで彼女は、自分がなぜこの分野にこれほど夢中になっているのかを他者によりよく理解してもらうための方法を、いろいろ試してみることにした。うまくいくものもあれば、まったくダメなものもあったが、やがて彼女はファンタジー・フットボールの世界を発見したのである。それは、他の人が話したいと思うような対象であった。

デロイトに入社したとき、彼女は当然、同じような考えを持つデータマニアのコミュニティが自社にもあり、大学時代に使っていたこのプラットフォームを誰もが利用しているものと思っていた。

しかし、ほとんど誰もこのプラットフォームのことを知らなかった。

さらに悪いことに、彼女がプロジェクトで使用するツールの候補として、さまざまなレベルの管理職を対象にこのツールを紹介したところ、返ってきたのはほとんどが懐疑的な反応であった。「以前にここで使っていた他のツールと似ているようだ」「彼女は学部卒のアナリストに過ぎず、我々の仕事に求められる厳密さを理解できなかったのだろう」「出力が大きすぎて、使い物にならない」など、反対意見ばかりだった。

読者の多くは、おそらくその後どのような展開になったかを想像できるだろう。彼女はProvokeした。共通の関心事を持つコミュニティの中で、他の人々の注目を集めるように自らを〝配置〟したのである。関心を向けてくれた者もいれば、無関心な者もいたが、彼女は前者に対して一連のテストを組み立て、自分がすばらしいと思うソフトウェアについて何が最も注目を集めるかを確かめた。プラクティスリーダーの1人が彼女のファンタジーの優れた腕前に触れて、「私たちが進めているプロジェクトにこのツールを使ったらどうだろう……」と思ったことで、ついに彼女は局面変化を引き起こしたのである。

この章の最初のエピソードと同様、これも若干作り話のようだが、実はよくある話だ。我々が周囲の人々の行動にもっと注意を払うようになれば、多くの人々が、自分のやっていることを知っているか否かにかかわらず、望ましい未来をProvokeする能力を持っていることに気づくはずである。いずれにせよ、ジェフの小さな息子たちでさえ、やっと歩けるようになったばかりのころからジェフの反応をProvokeすることができていたのだとすれば、もう少しProvokeして何かをするという力を我々の誰もが内に秘めていると確信してもよいだろう。

「もし」の局面におけるProvokeの包括的な目的は、「もし」が「いつ」になる時点がわかるように、自社にとって有利な〝配置〟をすることである。ワービーパーカーは一貫して手を加えることによって、シェイクシャックは中核理念に忠実でありながら反復することによって、ジェフ自身は世界を放浪することによってこれを行ったが、それは変化の原因となると同時に変化に対してより良い備えをするということである。我々は人生の歩みの中で、永遠に続く不確実性というものはまずないと考えている。ほぼすべての不確実性は、いずれかの時点で解消される。ただ、予想以上に時間がかかったり、望まない方向に進んだりすることがあるだけだ。

稀な例外の多くは、形而上学的、あるいは認識論的な問題と関係するものである。「知るとはどういうことか」「存在と非存在を分かつものは何か」といった問いに対する解答をProvokeできることはおそらくないだろう。ありがたいことに、これらは、我々の日常生活の中で大半の人が常に向き合う必要のある問いではない。しかし、これらの問いをめぐり不確実性を超えていくきっかけを作りうるようなテストがもし存在するならば、どんなアイデアでもすべて聞いてみたいものである。

局面変化は、悟りを開いた瞬間に現れるものではない。実際、それが起こっていることを「知っている」のであれば、おそらく、Provokeによる「いつ」へのシフトをあまりにも長く待っていたのだろう。局面変化を受け入れるには、第I部で論じた致命的欠陥を克服するために、ある程度の認知的不協和が必要となる可能性がある。偽陽性（グーグル・グラス？）や偽陰性（2018年半ばに起こった原油価格の1バレル75ドルへの上昇）に直面して躓いた他者の歴史を振り返るのは簡単だ。

しかしここで述べたいのは、効果的に、そして優位に立てるようなタイミングで局面変化に参入するには、過去の道しるべに頼らないことがきわめて重要だということである。代わりに、不確実な「もし」の局面で自信を持てるまでProvokeし、「いつ」の局面では確信を持って行動しよう。必ずうまくいく保証はないが、「もっとデータを集めたい」という本能を抑えることができれば、不確実性が増大する中で大抵のことは成功する可能性が高まるのである。とにかく、何かをしよう！

第8章 推進と適応（Drive and Adapt）：制御する

多くの時間をともに過ごしてきた著者の2人は、非常に似た考え方をするが、その嗜好は大きく異なっている。スティーブはインストゥルメンタル・ジャズを好んで聴き、ジェフはジャムバンドのライブ演奏に夢中だ。バーに行けば、ジェフはIPA（ビールの一種）かジンベースのカクテル（氷はお好みで）を片手に楽しみ、スティーブは絶妙に調合されたバーボンのカクテルを好む。だから、2人が無理やり身体を動かした経験について話し合ったときに、もう1つの歴然とした違いが明らかになったとしても、それは何ら驚くにあたらない。本能が「やめておけ！」と叫ぶ声を聞きながら、文字通り自分の身体を強制的に動かして何かをしなければならなかったときの2人のエピソードは、次のとおりずいぶんとかけ離れている。

ジェフがスティーブから初めてジム・ジョーンズの話を聞いたとき、それは1970年代後半に南米のジャングルで一連の恐ろしい事件を引き起こしたカルト教祖のことかと思った。実際には、現代に生まれ変わったジム・ジョーンズはもっと恐ろしい人物であった。世界中の厳しいフィットネス・トレーナーやトレーニングジムからなる私的共同体を形成し、懸命な努力と苦しみを厭わない人々だけを相手にしている。フィットネスに近道はないというのが彼らの信念だ。これまでにそのトレーニングをやり遂げたのは、著名なアスリート、極秘任務を帯びた軍事工作員、彫像のような筋肉を誇る映画スターといった人々である。スティーブもその1人であることを知って、ジェフは驚いた。

このエピソードについて取り上げたのは、「いつ」のProvokeを身体の世界で行ったらどうなるかを考えていたからだ。究極的な認知的不協和を克服し、身体が嫌がっていることを強制的にさせるのは、どのような感じなのだろうか。スティーブの体験は、ジム・ジョーンズの認定取得試験でのことだった。彼はそれを次のように語った。

「僕がジム・ジョーンズの認定を受けたときの指導者は、元UFCファイターで、メンズヘルス（Men's Health）の『最も壮健な人物トップ100』（注8－1）にも選ばれたボビー・マキシマスだった。彼はトレーニングにおいて精神力を重視しており、正に心理テストと呼ぶべきものをいくつか課してきた。その1つが、エアダインバイク（伝統的スタイルのファンバイク）のうえで60秒間の全力疾走をするという試験だ。全力と言うからには、本当に全力で疾走しなければならない。目標はできるだけ多くのカロリーを消費することであり、その数値が「得点」となる。しかし、そこにひねりが加えられている。認定セッションの他の参加者とともに16人で競争し、消費カロリーの多かった上位8人はその日のトレーニングを終えることができる。しかし、下位8名はまた全力疾走をしなければならない。その繰り返しだ。次は上位4人、その次は上位2人、そしてそのまた次は上位1人が終了できる。本当に全力疾走をしたことがある者なら、1日に1回で十分だと思うだろう。2回以上、ましてや3～4回など絶対にしたくはないものだ。60秒のスプリントほど大変なものはない。20秒とは雲泥の差だ（20秒だったら、楽勝でできる）。20秒くらいから後は、脚に乳酸がたまり、本当に痛くなってくるんだ。良いスコアを出すには、痛みをなくすために動きを止めろと言う自分の心の声を消すほかない。大丈夫と自分に言い聞かせなければならない。60秒間を80％の力でやろうとすると、間違いなくやり直しになる。そして最悪の結果として、これをもう1度、もう1度と、何度もやらなければならなくなる。ボビーとはそれ以来友人となったので、これは例のあれを意識せよという彼のお気に入りの方法の1つであることを今では知っている。認定試験のとき、僕は41歳で、おそらくその場にいた他の人たちよりも平均10歳は年長だった。しかし、考慮などしてもらえなかった。他の人たちは皆プロのトレーナーで、僕はと言えば、毎年30万マイルを飛行機で移動しているビジネスマンだ。この事実についても、考慮なしだった。ただ完全に身を委ねて課題を受け入れ、苦しみがやってくることを知りつつやり抜く必要があったのだ。自分が1位になれないことはわかっていたが、僕より体力があっても全力投球できない人もいると思ったので、最低でも8位を目標にした。信じられないかもしれないが、僕はまさにその通りの順位でゴールし、その過程でカロリー消費量の自己記録を樹立したんだ。そして、しばらく横になって丸くなり、下位の8人がまた走るのを楽しく見守っていた」

しかし、スティーブの格言が間違いであることを示すかのように、ジェフは20秒ももたなかった。その代わり、まったく別の分野で体験したジェフのエピソードを紹介しよう。アドレナリン全開のスポーツ、つまりバンジージャンプである。ジェフはこのアクティビティが好きなわけではない。嫌いではないとも言い難い。彼がバンジージャンプを体験したのは2回だけであり、1回目は前述のはるか昔に世界を回ったときのことだ。そして2回目は、マーサの母親の誕生日を祝うための家族旅行のときである。

数年前、親戚たちと南部アフリカ旅行に行き、家族とともに過ごす時間を楽しんでいたときのことだ。だが、「子どもたち」――10代になったジェフの4人の息子と5人のいとこたち――にとっては、まだまだ冒険が足りなかった。ジェフの反対にもかかわらず、どういうわけかバンジージャンプをするはめになった。ジェフは25年後のそのときでさえ、ニュージーランドのクイーンズタウンでパイプライン橋から身を投げたときのことを鮮明に覚えていた。頭部にかかる巨大な圧力。彼とマーサが勇気を奮い起すために事前に呷《あお》ったアルコールによっても、完全に抑えることはできなかった混じりけのない恐怖。しかし、子どもを持つ読者ならおわかりのように、彼らには何でも受け入れさせてしまう不思議な力がある。

ジンバブエでジェフは橋の真ん中まで歩いて行きながら、自分がこれをやり遂げられるとはまったく思えないことを明確に自覚していた。一歩進むごとに、やり遂げられないことを示すデータと根拠が迫ってきた。「この装備の安全性はまったくの未知数だ！　すでに腰痛持ちなのに、こんなことをしたらどうなるかわからない！　本当にジャンプしたら、後で言いくるめられて写真を買わせせられるぞ。僕は大人で、この人たちに証明すべきことは何もないのに！」。そう言いながら、彼はベルトを締めてジャンプした。

本人はそう思いたいかもしれないが、これは英雄的な勇気を示した瞬間などではない。どちらかといえば、薬物を使わず自己誘発によってガンマアミノ酪酸（GABA）受容体を一時的に活性化させるという、意図的行為である。そして、なぜそのような行動をとっ

私にも何か聞こえたような気がします。
もう少し待って、何の音か確認しましょう。
TOM FISHBURNE

たのか、その合理的な理由は何かを、彼は今でも説明できないでいる。しかし、振り返ってみると、スティーブが体育館の床から体を起こすことができたときと同じように、ジェフもやはりやってよかったと思うのである。

これは局面変化を通過する際に、Provocateur に対して私たちが奨励するマインドセットである。疑わしいことや不完全なデータに直面しても過度にためらうことなく、しかし、だからと言って無鉄砲にもならずに行動すること。楽観主義者である私たちは、誰しもこのマインドセットによってこのような行動がとれるようになってほしいと思っている。抽象的なレベルで考えたり、他人事と思っている限りは、「私だったらそんなことはしない」と簡単に片付けることができる。実際、私たちは互いのエピソードを聞いた後、どんな強制や動機付けがあっても、それぞれが相手の行動をとることはありえないという結論になった。しかし、本章のエピソードは、自分から出向いて何かをしよう！　という意志が私たち全員の中にあるという希望を与えてくれる。

局面変化に入っていることが明確になったら、「もし」から「いつ」へシフトしているという現実を反映して、Provoke の仕方を変える必要がある。とは言え、「いつ」のProvoke はすべて同じというわけではない。適切な行動の種類を見極めるのに役立つのは、①望ましい結果を創出できると確信する度合いと、②望ましい結果に至る道筋の複雑さという2つの側面である。

私たちは、本書のアイデアを検討する過程で、すばらしい戦略的行動をとった企業や個人の事例に数多く遭遇したが、その中にはあまり意図的ではないように見えるものもあった。古い格言にあるように、金持ちの家に生まれるよりは幸運の星のもとに生まれる方がよいというのは真実かもしれない。しかし、最もすばらしい Provocateur たちは、この後のエピソードに描かれるとおり、先見性を持ち、タイミングよく行動し、常に市場の「次にくるもの」に注意を払いながら、自分が思い描く世界を触発することと自分が起こした波に乗ることの循環を休みなく繰り返しているのである。

推進(Drive)

さまざまなProvokeがある中で、自分の運命に対する直接的影響を考えるときに、最もしばしば思い描くのは〝推進〟であろう。簡単に言うと、〝推進〟とは、1つの組織が、大きなトレンドに意味ある影響を及ぼすことを指す。行為者は「単純にそれを行う」機会を持っている。多くの場合、局面変化の早い段階でトレンドを捉えれば、結果に影響を及ぼす可能性が高まるかもしれない。ただし、私たちが観察したところ、単独の組織が本当に単独でそれを行えるだけの影響力を持つことはますます稀になっている。また、〝推進〟とは、その行動が確実とは言えないことを示す多くの証拠に直面しても、それをやり抜く自信と努力を最も必要とする行動でもある。

この種のProvokeで私たちのお気に入りのエピソードは、自動車が登場したころのものである。1900年代初頭、ウィリアム〝ビリー〟デュラントは、米国最大の馬車会社である「デュラント＝ドート・キャリッジ・カンパニー」を所有し経営していた。彼は自動車を嫌っていた。自動車が自分のビジネスにとって脅威となる新しいビジネスというだけでなく、当時の多くの人々と同様に、自動車は危険でうるさいと思ったからである。彼は自分の娘に自動車に乗ることを禁止していたほどだった（注8-2）。

安全性や排出ガス規制が重視される現代では、自動車の登場がどのようなもので、人々がどのように感じたかを想像するのは難しい。それは、運転基準がほとんどなく、所有権、走行、説明責任に関する透明性がまったくない状態で、2021年の街角に解き放たれる自律走行車と似ているかもしれない。1908年のデトロイトでは、夏の2カ月間に31人が自動車事故で死亡し、記録にも残らないほど多くの負傷者が出た。当時の現場からの報告を見ると、自動車を純粋な悪の機械と見る人がいても不思議ではない。

「一時停止や警告の標識、信号機、交通誘導員、運転者教育、車線、街灯、ブレーキランプ、運転免許証、制限速度などというものはなかった。現在のような左折の方法も知られていなかったし、飲酒運転も重大な犯罪とは見なされていなかった。道路の中央を走る路面電車は、歩行者にとって街で最も危険な場所になりつつあった。下車した人々は、レーシングカーやトラック、オートバイ、馬車などを避けながら、なんとか道路を渡り切らなければならなかった。歩行者はしばしば、車がどの程度接近しているのかがわからず、リスのように慌てて渡るのが常であった。最も悲惨なのは、家の前の道路で遊んでいた多くの子どもたちが自動車にはねられ、命を落とすことであった。1920年代には、自動車による全米の死亡事故の60%が9歳未満の子どもたちであった（注8－3）」

しかし、デュラントはこの混乱が実はチャンスであることにも気づいていた。デュラントは、自動車がなくなることはないという確信（不本意ながら、彼は初期のビュイックに乗るのが好きだったと告白している）に加え、次のような認識も持っていた。すなわち、自動車産業の成功を阻んでいる問題は、需要の取り込みや安全な運転環境の整備と同等かあるいはそれ以上に、供給側にもあると。

米国の自動車業界は極度に断片化しており、45社以上の自動車会社があった。そのほとんどは年間販売台数が少なく、納車前に倒産することも多いという状況であった。また、安全基準や製造基準は存在していなかった。デュラントは、最大手で最も信頼の置けるいくつかのメーカーを自分が統合できれば、より標準化された信頼性の高い製品を生産し、弱小自動車メーカーを廃業に追い込むことができると考えた。そうすれば好循環が生まれ、やがて消費者の信頼感が高まり、自動車の普及が早まるであろうと。デュラントがビュイック、オールズモビル、オークランド、キャデラック、その他のブランドをまとめあげたことで、自動車持株会社と垂直統合型自動車会社の草分けとなるゼネラル・モーターズ（GM）が誕生したのである（注8－4）。

しかし、デュラントの物語には教訓的な側面もある。その後10年にわたり、彼はGMの経営権を失っては取り戻し、また失うという騒動を繰り広げた。デュラントは、常に債権者の忍耐の限度を超えるような経営を行った。しかし、デュラントのビジョンは、100年以上にわたり何らかの形で根強く残っている。GMは、その最盛期には米国市場で50％のシェアを占め、1931年から2007年にかけて世界最大の自動車メーカーであり続けた。

ビリー・デュラントが自動車産業の世界を変えてから1世紀余り、コミュニケーションの分野でも、彼と同じように未来に向けて推進するProvocateurが現れた。ポニー・マーは、超やり手のデュラントと比べるとあまり目立たないが、マーがテンセントとWeChat（微信）で成し遂げたことは、間違いなく社会により大きなインパクトを与えようとしている。

農耕社会からわずか40年足らずで世界の工場となった工業大国、中国の躍進を、理想的な時期に理想的な場所で生きたのが馬化騰（通称ポニー・マー）である。マーはこの変革を目の当たりにし、社会やその中の人々が、いかに素早く適応し、自分たちの生活を向上させることが明白な新しいやり方を取り入れるかを認識した。今日、私たちは世界のどこにいようと、どのような社会経済的地位にあろうと、生活の大半をスマートフォンを使って過ごしている（そして、スマートフォンが私たちの生活を支えている）。しかし、それが常にそうであったわけではないことは明らかだ（注8－5）。

マーは2010年ごろ、インターネットにアクセスする主な手段がスマートフォンになり、連絡を取り合う方法がインスタント・メッセージにシフトするという局面変化を認識し、自分と自社が圧倒的な優位性を得ることができるような〝配置〟をした。それ以降、テンセントとWeChatのエピソードがどの程度結果というよりも原因であったかは議論の余地があるとしても、同社がスマートフォンの使用の急拡大において重要な触媒としての役割を果たしたことは間違いない。それ以来同社は、常に次のトレンドの一歩先を行くことができているように見える。WeChatは、大規模で忠実なユーザー基盤をそのエコシステムに定着させるために、豊富なサービスを追加し続けてきた。2020年現在、WeChatの広範なサービスには、グーグル、ウーバー、SnapChat、アマゾン、クレイグズリスト、フェイスブックなど、欧米の複数の大手テクノロジー企業が提供しているものも含まれる（注8－6）。

これらのサービスの多くは、同社が顧客基盤やパートナー企業のニーズを理解するとともに、市場のホワイトスペースを認識したことで大きな成功を収めた。その代表例がWeChatの「レッドポケット(紅包)」サービスである。2014年にWeChat Payのデジタルウォレットに導入されたレッドポケット(紅包)は、中国の旧正月の重要な伝統である赤いギフト封筒(紅包)を定義し直し、プラットフォームのトラフィックを大きく増やすために使用されたサービスだった。これは、ユーザーにとっていっそうシームレスかつバーチャルな方法で伝統を継承し、インタラクティブで楽しい要素を顧客体験に付加する戦略的な動きであった。たとえば、「WeChatのユーザーは、特定の友人グループに分配される総額を決め、それを『先着順で』受け取れるようにすることができた。そのため、人々はギフトをもらい損なうことがないよう、頻繁にWeChatアプリをチェックすることになる。人々はたくさんの紅包を手に入れるために競争し、そこに勝つか負けるかのスリルが加わる。そのためこの機能は、より多くの紅包を送ることにつながり、大きな人気を博した」。2015年から2016年のわずか1年間で、送られる赤い封筒の数は8倍の80億封以上となり、プラットフォームの戦略的価値を信奉する者には垂涎の、指数関数的な急増を見せた(注8-7)。

よく探すと、産業界が首尾よく変化する際には、すばらしい〝推進〟のエピソードが見つかるものだ。医療機器分野における最初の大ヒット商品の1つ、薬剤溶出性ステントがそうであった。1990年代初頭、ブリティッシュ・コロンビア大学（UBC）で毎週開催される血管外科の学会で、講演者が見つからないことがあった。業績のある研究者や医者はことごとく都合が悪く、土壇場になって講演をすることに決まったのはUBCの医学生、ビル・ハンターであった。ハンターは、関節リウマチの炎症を抑えるためにパクリタキセルなどの薬剤を使用するという内容の夏休みの研究を発表したが、聴衆の中にいた医学博士のリンゼイ・マチャンは、これにある閃きを覚えた（注8-8）。

マチャンを始めとする同業者たちは、ステントの普及に伴って発生した厄介な治療問題を抱えながら学会に臨んでいた。ステントとは、冠動脈の広がりを維持するために動脈内に留置する筒状の器具で、冠動脈性心疾患の治療に使用される。マチャンらが抱える問題は、ステントを入れた動脈の一部が詰まってしまう「再狭窄」に関するもので、この処置に15％から30％の確率で発生することが医師らによる観察からわかっていた。その日、UBCの聴衆席に座っていたマチャンは、ハンターが発表している研究を別の形で応用できるかもしれないと思った。パクリタキセルもまた、ステントを通して投与すれば、再狭窄を抑えることができるかもしれない。彼は、再狭窄の問題により、新しいステント技術への必然的な局面変化が引き起こされた可能性が高いことを、すでに知っていたのである。問題は、「どの」技術かであった。講演のすぐ後、マチャンとハンター、そしてもう1人の同僚は、この問題に対応するためにアンギオテックを共同設立した（注8－9）。

アンギオテックのチームは、業界初の薬剤溶出性ステントを発明した。後にボストン・サイエンティフィックにライセンス供与された同社の最初の主力製品、TAXUS®は、500万人以上の患者に留置された（注8－10）。同社の驚くべき成功は、創業者が問題と機会を明確に捉えたうえで、有効なソリューションを通じて自分たちが最初に市場に進出し、利益を享受できるようにしたことによる。事業戦略の観点からは、ここに複雑さはほとんどなかった。創業者たちは、自分たちの研究と治験、そして類似の医療技術のグローバルな急進展を追い風に、アンギオテックをどの方向に推進する必要があるかを理解した。そして、自社にとって望む未来を創り出したのである。

〝推進〟のエピソードはどれも、卓越した洞察力を持つ1人が、それを使って自分の望む未来を創出する英雄的な物語だと考えられがちだ。しかし、3話のすべてのエピソードをもう少し詳しく見てみると、他にも付随的化学反応を加えて変化を促す役割の人物が、影に潜んでいることがわかる。ハンターもマチャンも、UBSの学会での運命的出会いがなければ、アンギオテックの設立はおろかその構想すら持てなかった可能性が高い。ビリー・デュラントが自動車のビジネスモデルに興味を持ったのは、創業間もないビュイック社を買収したライバル自動車メーカーが、そのコスト構造に不満を抱いていたことがきっかけである。ポニー・マーには、アレン・チャンこと張小龍がいた。彼は2010年、欧米のアプリにヒントを得て、インスタント・メッセンジャー・アプリのアイデアをマーに持ちかけたのである。すべての主人公に、信頼できるアドバイザーのような存在がいた。これは、局面変化を見抜く鋭い先見性を持ったProvocateurは、卓越した傾聴力と観察力をも持っていることを示唆しているのかもしれない。

適応(Adapt)

予測できる結末が自分にとって好ましくない場合の〝適応〟の行動は、Provokeの中でも最も困難なものだ。多くの場合、最大の問題は感情的なものである。なぜなら、この場合は必然的に、自分にとって有利な未来を形成する力はほとんどなく、進むべき道筋も非常に複雑だという現実を突きつけられるからである。したがって、自分のビジネスモデルがもはや目的に適っていないことを認める必要がある。第I部で説明したようなバイアスがあり、さらに遺産や過去に対する敬意を配慮する気持ちが加わると、「もう十分だ」と宣言するのは不可能に近いと感じられることが多い。

本書の始めの方で、ポップアップ企業の遠い親戚のような存在である、ワインドダウン企業について論じた。これは、局面変化を終えるときにうまく〝想像〟を働かせられなかったり、十分に速く動けなかったりした企業に通常に降りかかる〝適応〟の Provoke である。基本的に企業は、自分たちに向かって振り下ろされる解体用の鉄球を見ながら、事業を縮小していくほかはない。大抵の場合、顧客にとっても経営陣にとっても、独力でよりよい条件で〝適応〟できると感じている方が心理的にははるかにましである。これは、ある場合には会社の存続期間の延長を意味し、またある場合には、資産やビジネスモデルを実質的に再構築し、新たな未来の望ましい結果を目指して、別の方法により市場で勝負することを意味する。

第6章〝想像〟で示唆したいくつかのエネルギー企業について考えてみよう。一部の企業は、ビジネスモデルを全体的に見直すことで、かつては石油・ガスのスーパーメジャーであった企業が、再生可能エネルギー源を中心に活用する多様なエネルギー供給企業に生まれ変わり、炭素排出資産から永久に撤退することになるだろう。別の企業は、株主のためにできる最善のことは、事業コストを削減し、炭素産業の衰退と命運をともにすることだと認識するだろう。また、できる限り早く会社を解体し、資産を高値で売却しようとする企業もあるだろう。

解体用の鉄球が襲ってくると予想できるのはすばらしいことだが、うまく抜け出し、新興トレンドを活用するように〝配置〟できれば言うことはない。そのためには、先見の明を持って、予測どおり〝適応〟する計画を自社のビジネスモデルに最初から組み込んでおく必要がある。しかし、多くの人に愛される老舗企業の場合、これまでとは異なる場所に自社を移動させるのはまったく困難なことである。あなたに見えている局面変化が他者には見えないがために、彼らはあなたとは別の方向に大きな圧力をかけている可能性があるからだ。

インテルは、何十年もの間、愛され続けてきた老舗企業の1つであった。その社名を、文字通りコンピュータを動かしている「内部」の中枢と解釈する人も多い。1968年にゴードン・ムーア（皮肉にも、今日の破壊的機会の核心である指数関数的変化の概念を広めた人物）によって設立されたインテルは、元祖シリコンバレー企業の1つである。1970年に初めてDRAM（ダイナミック・ランダム・アクセス・メモリー）を商品化すると、このメモリチップは瞬く間に世界のベストセラーとなった。しかし1980年代前半になると、インテルのDRAM事業は、日本の低価格半導体メーカーからの大きな競争圧力にさらされることになる。

そのころ、インテルのCOOを務めるアンディ・グローブは、会長兼CEOであるムーアに対して、「もし、我々が追い出されて、取締役会が新しいCEOを連れてきたら、その人物は何をすると思うか（注8―11）」という質問をした。

グローブは、この質問を半分冗談のように投げかけたのかもしれないが、問題はインテルが「コモディティ化するか否か」から「どの程度の確率でコモディティ化するか」へと移行していた以上、これを根本的な質問と解釈してもおかしくはなかった。インテルからシェアを奪うためには価格を喜んで引き下げ、また、そうすることのできる日本の低価格帯のサプライヤーに、インテルは対抗することができなくなっていた。競争によってインテルが完全に時代遅れになるか否かではなく、必然的成り行きに対してインテルがどれだけ持ちこたえられるかの問題、端的に「いつ」そうなるかの問題になっていたのである。

「その人物が行うことは、メモリー事業からの撤退だろうね」。ムーアの答えは、自分が実際にそのような決断ができる人間であったという現実はさておき、残酷な真実を言い当てたものだった。

このような会話は、徹底した破壊の脅威にさらされている企業の最高幹部の間でのみ交わされるものではないと、私たちは考えている。ウォール街では、四半期ごとの業績が重視されるため、リーダーは軌道から外れる可能性のあるすべてに対して非常に敏感になっている。しかし、あまりにも多くのリーダーたちが、戦いはすでに終わっていることに気づいていない。問題は、自社の事業が縮小するか否か（その場合、戦いを続けることはまったく合理的である）ではなく、どの程度縮小するか、廃業にまで至るか否かということなのである。多くのリーダーは、長年企業の内部で働いてきたために、新しい現実に適応するというアイデア、つまり、これまでのキャリアの中心にあったモデルから離れるという想定が、選択肢というよりむしろ必須であることに気づかない。

アンディ・グローブは、インテル内部の人間にほかならなかった。共産主義の支配するハンガリーを逃れて20歳で渡米し、インテルの3番目の社員となった。ムーアとともに、インテルの華々しい成長を支えてきた。しかし、彼の対応は、古参社員に期待されるものとはほぼ正反対だった。数十年かけてゼロから築き上げてきた事業を敵の軍門に下らせるという〝適応〟を提案したのである。「私たちは撤退した後に戻ってきて、また自分たちの手でやり直せばいい（注8－12）」。

ゴードン・ムーアがグローブの提案をブラックユーモアとして受け止める、という可能性もあったかもしれない。グローブはそのような反応を見て、自分のProvokeを考え直し、2人は大笑いした後、日本の半導体メーカーに勝つための方法の検討に戻ったかもしれない。そのような世界では、インテルはもはや存在していない可能性が高い。インテルの名を目にするのは、低コストの生産者がいかにして業界の支配的なインカンベント企業を崩壊させるかをテーマとした、ビジネススクールのケーススタディ――クレイトン・クリステンセンのミニミルによる鉄鋼業界の破壊に代わる事例として――の中だけになっていることだろう。

幸いなことに、アンディ・グローブとゴードン・ムーアは真のProvocateurであった。2人は、〝適応〟しないということはインテルの敗北を認めることだと悟った。そして、インテルを自分たちが名を成した事業から撤退させ、マイクロプロセッサーという未来の事業に移行させる作業に取りかかったのである。そのプロセスは簡単なものでも、すぐに終わるものでもなかった。１９８６年、インテルは１億７３００万ドルの損失を計上し、適応を図るためにレイオフ、工場閉鎖、その他の縮小を余儀なくされた。しかし、グローブ（１９８７年にムーアの後任としてＣＥＯに就任）は、この適応策を実行することによって、インテルを急成長するパソコン産業の主要なハードウェア・サプライヤーとして〝配置〟し、時価総額を２５００億ドル（この原稿の執筆当時）近くにまで押し上げたのである。

２０２０年、新型コロナウイルス感染症のパンデミックにより、誰もが自分の生活の中で安定しているものとしていないものについて、もう少し深く考えることを迫られた。身体や経済の健全性、雇用、移動の自由、そして「楽しみにしているもの」が、多くの人にとって突然、それまでよりもずっと不安定なものに感じられるようになったのである。すべての産業が無縁ではいられなかった。この時期に注目すべき〝適応〟のエピソードが生まれたが、当時、その多くは一過性のものだと思われていた。生産ラインを改造して自動車の組み立てから換気扇の組み立てに変更したり、地元のレストランを集配センターに変えたりすることは、従来のハイパフォーマンスの考え方からすれば思い切った決断だが、その多くは「永久的移行」というわけではなかった。

しかし、エネルギー産業に関しては、エネルギー転換以降、そのバリューシステムのほぼすべての面で永久的移行を検討する必要があった。エネルギー産業は、以前にもエネルギー転換を乗り越えた経験があり、今回もなし遂げることができると断言する者もいるが、実は、真のエネルギー転換を乗り越えた経験はないのではないかと考える論拠がある。既にある世界のインフラの大部分をよりクリーンな新しいものに移行させるために、全体を体系的に見直すというようなことは、事実これまでになかった。我々が過去に乗り越えてきたことの大半は、エネルギーの追加と表現した方が適切であろう。業界の多くの経営者は、1980年代初頭のムーアやグローブに期待されるような対応を行っている。すなわち、危険に備えて防御を固め、確実な収益源を守るにはどうしたらよいかを見極めるために、創造力を発揮しようとしている。幸いなことに、まだ少数ではあるが、〝適応〟へのバイアスを示す経営者が増えてきている。

私たちは最近、米国のエネルギー企業のCEOを務めるある人物のコメントに感銘を受けた。必ずしも彼女が引き起こそうとしている変化だけでなく、彼女が組織にもたらそうとしているマインドセットにも心を動かされたのである。テキサス州の電力会社、CPSエナジーのポーラ・ゴールド・ウィリアムズが2019年末に語った言葉は、以下のとおりである。

「CPSエナジーは進化を続けています。しかし、私たちの会社には、もっと良くしようとするハングリー精神を常に持って、先見性のある積極的な方法で業務改善をしてほしいと思っています。どうすればウェイン・グレツキー（カナダ出身の元プロアイスホッケー選手）のようになれるか、常に考えていかなければなりません。エネルギーの「パック（ホッケーにおける平円盤）」の今後をどうすればもっと見通せるようになるのか。私たちはたとえそれが得意であっても、事後反応的な対処に留まり続けることはできません……。お客様の好みとエネルギー産業の両方に関して、それがどこでどのように変わっていくのかを予測する能力を高めなければなりません。私は、この会社と従業員全員にとって、それが当たり前となることを望んでいます。曖昧さにも慣れ、苦にしなくなることが課題です。それは依然として、この業界の歴史的基盤に反することかもしれません。電力会社というものは、たくさんのエンジニア、アナリスト、会計士などで構成されているため、基本的にすべてのことがきちんと構造化されていることを好みます。たとえば私のような会計士は、すべてに均衡がとれている状態を望ましいと考えます。そこには規則が支配していなければなりません。借方と貸方は常に一致させる必要があります。しかし、現在私は、しばしばこう話します。もしこの業界に、私たちが想像もつかないようなものが必要だとしたらどうだろうか。すべてが完璧で、直線的で、均衡がとれていると想定するのは、現実的ではありません。私たちは不確実性を回避しようとする気持ちと戦い、変化を止めることは不可能だと理解しなければなりません。進化する動きは、私たちの準備ができていようがいまいが必ず起こります。ですから、私はCPSエナジーにおいて、曖昧さを受け入れなければならないと強調しています。世界は白と黒だけではなく、グレーのグラデーションで機能しているのです。グレーは私たちを自由にしてくれるはずです。閉塞感を除去してくれるでしょう（注8−13）」

このファスト・フォロワー戦略は
すばらしいです。
はるかに低価格ですし。
TOM FISHBURNE

〝適応〟しようとする意志は、黙って受け入れようとする意志と同じだと、私たちに語った者がいる。あるいは、ポップアップ企業のような考え方を支持することは、諦めに似ていると言う者もいる。しかし、ゴールド・ウィリアムズのマインドセットは、諦めとは最も遠いところにあるように思われる。この明白な事実に、私たちは大いに安堵するものである。

これらのエピソードから引き出される結論は、〝推進〟と〝適応〟の Provoke には、適切なタイミングと文脈で目的を持って行動することが必要だということである。事実それは、局面変化を迎えるにあたって、ファスト・フォロワー戦略を優先して、他社を先に行かせるという「安全な」選択肢は、実はまったく安全ではないことを示唆している。直線的な変化と過去の教訓に基づく分析が重視された古い時代には、この方法が有効だったかもしれない。しかし、自分にとって都合のよい未来を触発し、望ましい結果を実現するためには、「何かをしよう！」とする行動に勝るものはないということを、我々はますます実感するようになっている。

第9章 起動（Activate）：エコシステムの活用

すでに流行遅れの感があり、事例として適切かどうかも疑わしいが、スポーツスタジアムでの「ウェーブ」は、集団行動をいかにして引き起こすかという「〝起動〟のProvoke」の核心となるアイデアをよく表している。この興味深い社会的トレンドをよく知らない読者のために説明すると、それは1人あるいは数人のグループが大勢の観客の中で自発的に立ち上がり、空中に向かって両手を広げ、高い叫び声のような音を発するというものである。それがうまくいくと、周囲の人々も同じようにして次々と周囲に波及していき、やがて巨大ディスプレーのコントローラーがその動きに気づいてカメラを向ける。この時点で動きが1人歩きを始め、徐々にスタジアムの観客全体を「ウェーブ」が包み込み、自重で崩れるまで加速度的に旋回するようになる。

これはうまくいった場合のことだ。

しかし、うまくいかなかった場合は、その野心的なProvocateurは腕を上げたまま真っ赤になって立ち尽くし、やがて「誰も味方してくれない」と弱々しくつぶやいて、恥ずかしさと悲しさでいっぱいになりながら座り込むはめになる。

幸いなことに、私たちのテーマは社会運動の起動や経済成長の促進なので、何万人もの観客のブーイングや嘲笑に身をさらす必要はめったにない。

〝起動〟のProvokeはエコシステムと連携し、エコシステムを通じてなし遂げられるものだ。しかし、このProvokeは他のものとは異なり、Provocateurは望ましい結果への単純な道筋を予想できるものの、それが達成されるかどうかに直接的影響を及ぼす能力は(最初のうちを除いて)ほとんど持っていない。つまりこのProvokeは、一旦〝起動〟させたらそれが最後まで続くことを祈るほかないような、波及効果を引き起こす行為なのである。時には、ビリヤードのトリプルバンクショットのように、よく計画され、うまく実行された一連の予測可能な波及効果として、自分の有利になるような仕掛けを作ることができる。また時には、Provocateurは自分の望む結果につながる一連の出来事をまったく見通すことができず、代わりに他者にシグナルを送り、監視を続けて未来がより明確に現れるにつれてさらにシグナルを送りながら、最善を祈るだけという場合もある。

直接的起動とシグナリングを組み合わせた、公共セクターにおけるエピソードを紹介しよう。これはある都市の物語である。その都市は一時期、避け難い衰退と不況に向かう局面変化に入ると思われたが、さまざまな機関が連携して、別の形の未来を実現したのである。

ペンシルベニア州のピッツバーグ市は、1754年に入植したフランス人がここにデュケイン砦を築いたことから始まり、1758年には英国人に占領され、18世紀から19世紀にかけてはオハイオ川流域の開拓の玄関口として機能した。1900年代初頭には、ピッツバーグは米国の産業力を支える石炭と鋼鉄の生産において、圧倒的な力を持つまでに成長した。全米の石炭の40%は、ピッツバーグから100マイル以内のアレゲニー郡で産出された。ピッツバーグを拠点とするUSスチールは、1920年代には世界最大の鋼鉄メーカーとなり、初の10億ドル企業として知られるようになった。ピッツバーグでは、仕上鋼材と圧延鋼材の両方で全米の3分の1を生産していた。同市は長年にわたり、マイケル・ポーターが言うところの「クラスター」の好事例であった。

その生来の競争優位性は、電気機械、鉄道車両、ブリキ、ガラス、耐火れんが、アルミニウム表面処理などの関連産業にも及んでいた（注9-1）。

しかし、1980年代に入ると規制緩和が進み、低コストの外国企業が米国市場に大きく食い込んできたため、ピッツバーグとその一帯のラストベルトは深刻な衰退期に入った。この地域の多くの都市は、新興セクターにうまく経済を移行させることができなかった。この地域の衰退の速さを示す指標として、ラストベルトは1950年に総雇用数の43％を占めていたが、2000年には27％に過ぎないという数値がある。製造業に限れば、1950年にラストベルトの雇用は2分の1以上を占めていたが、2000年には3分の1になっている。ラストベルトの多くの都市では、中産階級の安定的生活を可能にするだけの給料や福利厚生のある製造業の仕事が、小売や飲食サービス・セクターにおける低賃金のパートタイム雇用に取って代わられた。

カーネギーメロン大学は、この衰退を食い止め、そして好転させるために、地域のネットワークを活性化させた最初のProvocateurであったことは間違いない。カーネギーメロン大学とピッツバーグ大学は、それぞれの研究活動から生まれたテクノロジーを活用し、鉄鋼業をはるかに超えたエコシステムの礎を築いたのである。コンピューティング、ロボット工学、バイオテクノロジーなどの強みを生かし、起業活動を活発化させることで、この地域に新しい起業家層を惹きつけ、育成した。また、地元自治体や産業界のパートナー（特にUberやGoogleは、現在ピッツバーグに大規模なオフィスを構えている）と密接に協力し、これを実現したことも重要なポイントである。

2010年までにピッツバーグは大きな変貌を遂げていた。ピッツバーグは失業率が全米平均より2ポイント近く低く、1600社のテクノロジー企業を擁し、人口も増加していた。有名なロボット工学研究所と国立ロボット工学センターは、この分野のイノベーション・リーダーと目されていた。ブルッキングス研究所によると、2016年までにこの地域の人口1人当たりの大学研究開発費は、全米平均の約2・5倍近くになっていた。

なぜ、ピッツバーグが成功でき、同じような状況にある他の都市が成功できなかったのか。いくつかの要因があると思われる。第1に、この都市は、経済的凋落への局面変化が迫っているという現実に、他の多くの都市よりも劇的な形で直面せざるを得なかった。一夜にして15万人以上の製造業の雇用が失われるというような経験をしたのである。第2に、この都市は住みやすく、活気のある街であることをアピールした。2014年からピッツバーグ市長を務めるビル・ペドゥートは、ピッツバーグのエコシステムを支える人材が実際に住みたいと思うような場所にできたことが、この違いにつながったと考えている。ピッツバーグの魅力は、低犯罪率と安価な生活費、市や州の取り組みに支えられた地元文化の強みと相まって、人材と雇用者が補強し合い強度を増していくエコシステムを形成した。しかし、最も重要な点は、同様の世界的教育機関を持つ他の都市（たとえば、ジョンズ・ホプキンス大学のあるボルチモア）が、地方自治体、教育、さらには文化・芸術関連の取り組みにわたる密接な協力によって可能となる、同じように幅広いエコシステムを形成することができなかったことであろう。

エコシステムの世界

エコシステムとは、より確かで望ましい未来への局面変化を感じ取り、それに対応し、場合によってはそれを加速させるための最良の手段の1つであることが、ますます明らかになってきている。自社組織の四方の壁を越え、孤立しないように積極的に努力し、その際外部からの批判にさらされることも厭わないという姿勢こそが、人類の致命的欠陥を克服できるProvocateurであることを示す、究極的兆候の1つかもしれない（より良い未来を形作るために必要な、ありうるすべてのスキルを持つ組織など存在しないという認識も含む）。カーネギーメロン大学は、ピッツバーグで実現したい未来を〝起動〟するために、クラスター内、つまりエコシステム内のすべてのプレーヤーを活用したのである（注9－2）。「エコシステム」という言葉を初めて耳にしたのは、小学校の理科の授業だったという人が多いのではないだろうか。自然分野の権威であるナショナルジオグラフィックによると、エコシステムとは「植物、動物、その他の生命体、そして気象や地形が協力して生命の泡を形成している地理的領域である。……エコシステム内のすべての要素は、直接的または間接的に他のすべての要素に依存している」とある。ジェームズ・ムーアは、1993年にハーバード・ビジネス・レビュー（Harvard Business Review）誌に発表した論文において、エコシステムの考え方をビジネスの世界に導入した人物として広く知られている。彼の最初の定義はイノベーションを中心目的としていたが、共同的進化の能力というこの概念そのものは、あらゆるビジネス目標に応用することができる。実際、組織がどのようにProvokeの手順を踏むかを考える際、エコシステムは基本的な戦略的選択となる。ビジネスで使われるエコシステムと自然のエコシステムとの決定的な違いは、この選択である。ヒトデは、潮が引いたときにどの水たまりで他者と共存するかを選ぶことはできない。ビジネスでは、エコシステムに誰とどのように参加するか（あるいは参加しないか）、そしてそれらの関係を何のために利用するかを選択することができる。ただし、どのようなエコシステムに参加するか（また、どのようなエコシステムには参加したくないか）、その形態と構成を明確に宣言しない限り、戦略を持っているとは言い難い。だが、多くの企業幹部は、「当社はあるエコシステムの一員になる」というような声明で十分であるかのように振る舞っている。

すでにあるエコシステムの一員として

ビジネスモデルの一環として、いかなるエコシステムにも参加しないと言い切れる企業を想像することはできないだろう。一般的なサプライチェーンと顧客を持つ企業ならば、厳密に言えば、これらの外部パートナーによってエコシステムの一部となっている。しかし、エコシステムはビジネスの歴史の中でずっと存在していたにもかかわらず、突然、経営思想における新しい概念として注目されているように見える。外部の人材にアクセスするために、組織の境界の透過性を高めれば、何らかの戦略的優位性を生み出すことができるという考え方は、決して新しいものではない。サン・マイクロシステムズのビル・ジョイが唱えたジョイの法則、すなわち、「あなたが誰であろうと、最も賢い人たちのほとんどは他の誰かのために働いている」という法則は、20年以上前から言われていることである。

新しいのは、競争力の維持はもちろん生き残るためだけにも、可能な限り素早くありうる最高のケイパビリティを手に入れなければならないという切迫した状況である。大手デジタル企業は、自社のプラットフォームを活用して、従来は参入障壁が高かった業界に進出する方法を懸命に模索している。小規模なスタートアップ企業は、テクノロジー駆動形のビジネスモデルを用いて、長年にわたり優勢であったインカンベント企業を瞬く間に押しのけている。人々はすでに、ジムの会員権を家庭用の接続型エクササイズ機器（ペロトンなど）で代用するようになってきていたが、この傾向が新型コロナウイルス感染症によっていかに劇的に加速したかを考えてみるとよい。組織が競争力を維持しようとする場合、組織内で構築できそうなケイパビリティに依存することはますます難しくなってきている。さらに言えば、テクノロジーのおかげで、組織外部のケイパビリティにアクセスすることがますます容易になってきている。したがって、戦略的行動計画においてエコシステムの話題が急浮上しているのは当然のことかもしれない。

エコシステム自体は新しいものではないが、この新しい選択性に直面して、エコシステムをはっきりと選択する必要があるということが、リーダーにとって新たに重要となったのである。エコシステムに関して組織が行うべき最も基本的な選択は、エコシステムを何のために使うかということだ。表面的にはこれは単純な選択と見えるが、実はまったくそうではない。望ましい未来をProvokeしようとするとき、自社内だけで行うか、あるいは1つ、または複数の外部組織とともに行うかを評価するにあたり考慮しなければならない要因がいくつかある。それには以下のようなものが含まれる。

- 外部組織と協力することで、ビジネス目標に対してどれだけより良い（またはより低コストでの）成果をあげられるか。
- 外部組織と協力すれば、自社で行う場合と比較してどれだけ早くケイパビリティを構築できるか。
- 外部組織と協力してケイパビリティを構築した場合、競合他社は同じような（あるいはまさに同一の）パートナーにアクセスして同じケイパビリティを構築できるか。

結局のところ、それぞれの選択はそれぞれのメリットに基づいて検討する必要があり、残念ながら単純な処方箋は存在しない。我々が頼ることのできる経験則が1つあるとすれば、それは次のようなものである。すなわち、そのケイパビリティが組織の全体的差別化に不可欠なものであるならば、それは本質上、独占的であることがより重要である。もし、自社の差別化要因が、多くの人々の活動を結集し軽やかに統合する能力にあるのならば、善を促進する力としての口コミの評判以外は、実質的に何も専有する必要はない。そして、これがMozillaのケースであった。

Mozilla（モジラ）とエコシステムとしての一般ユーザー

オープンソース・ソフトウェアのムーブメントの初期を考察してみよう。小さな個人の集まりが、知的財産（IP）権を厳密に管理することで利益を得るというビジネスモデルと、それに関連するすべての正統派理論を転覆させたのである。

最初のインターネット・ブラウザ戦争が勃発した1990年代後半は、現代のインターネット史における揺籃期であった。1994年、コンピュータ科学者のマーク・アンドリーセンとジム・クラークがネットスケープを共同設立した。以前にアンドリーセンは、イリノイ大学アーバナ・シャンペーン校の国立スーパーコンピューティング応用センター（NCSA）で研究を行っており、ネットスケープは、同センターでアンドリーセンが共同開発したインターネット・ブラウザ「モザイク」を基盤にして、一般のインターネットユーザーが広く利用できる初のブラウザ、Netscape Navigator（ネットスケープナビゲーター）を世に送り出した（注9-3）。

Navigatorは、わずか4カ月で75％の市場シェアを獲得する大ヒット商品となった。その後、ネットスケープはインターネットのパイオニアとして大きな成功を収め、市場シェアを拡大し、1995年には巨額の新規株式公開（IPO）を果たした。当時ネットスケープは、間近に迫ったインターネット・ブームから大きな果実を受け取れる位置にあると思われたが、しかし、そうはならなかった。ソフトウェア大手のマイクロソフトが、独自のインターネット・ブラウザの開発に取り組んでおり、ネットスケープを目の敵にしていたのだ。皮肉にも、アンドリーセンのモザイクと同じアーキテクチャを土台とするインターネット・エクスプローラー（IE）は、その後の数年にわたる機能面での出し抜き競争でネットスケープに戦いを挑んできたのだった。しかし、マイクロソフトがユビキタスと言ってよいほど普及したWindows OSにIEをバンドルしたことが、ネットスケープへの致命的な打撃となった。1999年までには、マイクロソフトが圧倒的な市場シェアでリードするようになり、ネットスケープは「いつ」無用の長物となるかという局面変化にシフトしたのである。

その2年前の1997年、ソフトウェア開発者のエリック・レイモンドは、オープンソース・プロジェクトを管理した自らの経験とLinuxカーネルの開発に関する自身の見解について、先駆的なエッセイである『伽藍とバザール』を発表した。ネットスケープ社内の多くの人々にとって、このエッセイがオープンソースを受け入れる必要性を認めるきっかけとなった。1998年、ネットスケープはNetscape Communicator 4.0スイートのコードを公開した。そして、その目的は「インターネット上の何千人ものプログラマーの創造力を活用し、その最善の成果をネットスケープが手掛けるソフトウェアの将来のバージョンに取り入れる」ことであると、表明したのである。コードを公開することで、世界中のユーザーが機能の改善やアップデートに貢献できるようになった。1998年にAOLがネットスケープを買収すると、AOLはブラウザの開発を徐々に縮小し、代わりにオープンソースのブラウザ・プロジェクトを推進する責任をネットスケープからスピンオフした非営利団体、Mozillaファウンデーションに移行させた（注9－4）。

Mozillaのチームは、世界中の何千人ものプログラマーの協力を得て、ブラウザの開発を続けた。1998年にベータ版がリリースされたが、その最初のブラウザを一般公開する準備が整ったのは2002年になってからだった。当初はMozilla Phoenix（モジラ・フェニックス）と名付けようとしていたが、法的な争いの末、最終的にはFirefox（ファイアーフォックス）に落ち着き、2004年11月9日に最初のバージョンがリリースされた。Firefoxは1年の内に1億回以上もダウンロードされた。その後数年間でこのブラウザの人気は着実に高まり、2009年末の市場シェアは32・2％に達した（注9－5）。

Mozilla と Firefox の成功の大部分は、ブラウザ市場で自分たちが明らかに有利になる状況を推進するという、チームの抜け目のない計算によって築かれた。特に、ネットスケープからスピンオフした Mozilla のチームは、OSの人気、資本、大規模な開発チームなどの確固たる優位性を持つ巨大なインカンベント企業に対抗することがいかに困難であるかを十分に理解していたはずである。しかし、Mozilla 自身は競争するためのリソースや人的資本を持たないとしても、世界中の何千人もの熱心なボランティア開発者を頼り、既存の選択肢を凌駕する製品を作ることに成功すれば、優位に立てるということを彼らは知っていたのである。チームの言葉を借りるならば、「オープンなコミュニティを作ることで、Mozilla プロジェクトはどの企業よりも大きな存在になった」のである。スタッフと同じように Mozillian（モジリアン）と呼ばれるボランティア開発者たちの貢献が、製品を成功させるうえでは重要であった。ポップアップブロック、タブブラウジング、アドオンなどの機能を導入することで、Firefox 1.0 は主要な競合製品よりも大幅な進化を遂げていた。

Mozilla の成功の大きな要因は、オープンソースのトレンドが高まっていることを見抜き、それを活用できたことにある。OS業界では Linux、百科事典や情報分野ではウィキペディアなど、オープンソースのムーブメントが既存のインカンベント企業を破壊することに成功した事例があり、Mozilla が利用できる明確なトレンドがあった。さらには、インターネットの普及が急速に進み、プログラミングやソフトウェア開発のスキルを持つユーザー層がグローバルに拡大しつつあるということもあった。オープンソースのブラウザを成功させる機は熟していたのである。Mozillaのチームは1998年のNetscape Communicator 4.0の発売の時点で、早くもグローバルな開発者のエコシステムを構築する意志を示していたが、2004年の主要製品の発売に至るまでの道のりは険しかった。製品そのものを作り上げるのに必要な技術チームの高い能力もさることながら、大規模でグローバルなオープンソース・プロジェクトの運営という複雑さも加わり、成功させるには単に多数のボランティアが参加するだけではなく、そのボランティアが高いエンゲージメントとクオリティを備えている必要があった。

これは簡単なことではない。だからこそMozillaは、Firefoxの開発者専用バージョンや、ツール、テクニカル・サポート、フォーラム、トレーニングなどのリソース、コミュニティ構築イニシアティブ、キャンペーン、イベントを提供し、開発者のコミュニティの構築と育成に多大な投資を行っているのであろう。このエコシステムの継続的な成長と発展により、Mozillaは近年、Firefoxブラウザ以外の製品群――Mozilla VPN、Pocket、Thunderbirdなど――を構築することができた。

Mozillaのチームが当初、自社の主力製品に対して、神話に登場する不死鳥の名前を付けたいと思った理由は容易に想像がつく。その名前が表す再生力にインスピレーションを得て、自分たちのブラウザがこの激しい競争環境で成功するべく、最初のブラウザ戦争の灰の中から再び立ち上がる姿を想像したのではないだろうか。ボランティアのエコシステムを基盤とするMozillaは、その後、インターネット・エクスプローラーの独占に挑戦するという点で成功を収めた。これにより、すべての人のための自由でオープンなインターネットの創造に貢献しつつ、自社を急成長させることができたのである。

Mozillaは、巧みに構築され実行されたエコシステムの一例に過ぎない。ビジネス・エコシステムの概念は、時の経過とともにさまざまなタイプや特殊目的のものが出現している。かつては他社との共同作業の一形態として漠然と考えられていたものが、今ではますます具体的な名称とビジネスモデルを持つようになっている。eBayのような取引エコシステムと、Uberのシームレスなサービスを可能にするAPI（アプリケーション・プログラミング・インタフェース）のエコシステムは、どちらも需要と供給のマッチングに焦点を当てているとは言え、根本的に異なるものである。

プラットフォームは何十年も前から技術分野に存在しており、今では資金調達を目指す自称ユニコーン企業の必須条件の1つとなっている。自動車産業や航空宇宙産業における複雑な組立工程を長い間支えてきたのは、複数の事業体によるパートナーシップであった。また、冗長性を備えた自足的相互関係という自然のエコシステムに近い定義のものは、Mozillaやウィキペディアの運営のような大規模な共同作業の取り組みを助けてきた。最近の経営者向けの秘訣は、自分たちがProvokeすると決めた方向への参加から利益を得るような選択を可能にする方法で、目の前にあるエコシステムの選択肢を検討することである。

私たちは2つの側面を用いて、選択肢と最終的な選択を組み立てる。第1の側面は、そのエコシステムがどの程度専有的であるか、あるいはオープンであるかということである。専有の極限には二者間契約がある。関係者を増やしながらもシステムを閉じたままにしておくと、多者間パートナーシップとなり、この場合は、エコシステム内に少数のプレーヤーが存在し、それぞれが他にはない特定のケイパビリティを提供することで独自の貢献を果たしている。「オープン」の極限には、理科の授業で習う「自然」のエコシステムに近いものがある。このようなシステムでは、多数のさまざまな参加者がいて、全員が1つのシステムとして協働し、全体が個々のプレーヤーと同様に支えられている。重要なのは、プレーヤー間でケイパビリティが重複する余地があること、つまりシステムとしての冗長性があるということだ。参加者はさまざまな目的を持っているが、消滅あるいは退場した場合にシステムが機能しなくなるほどの重要なプレーヤーというものは存在しない。

第2の側面は、エコシステムが短期性あるいは永続性をどの程度意図しているかということである。一般的に、過去のほとんどのビジネス構造は、永続性の前提（または幻想）に依拠してきた。しかし、あらゆる場所でビジネスモデルの変化の速度が加速している現在、それはもはや当然とは言えない。たとえば、私たちは新型コロナウイルス感染症による健康と経済の二重の緊急事態において阻止と対応に苦慮した際、短期的なニーズを満たすために主に自己組織化によるパートナーシップが形成されるのを目撃した。テクノロジーや小売のセクターでは、以前は野蛮な競争を繰り広げていた企業同士が共通の目的に向かって協力し合った。システムとしての効率性を高めるために、伝統的なサプライチェーンの垣根は取り払われた。これらのほとんどは、利便性のためのエコシステムであった。このようなコラボレーションが永遠に続くとは誰も思わなかったが、一時期、多くの企業はこれが新しい規範であるかのように振舞ったのである。

二者間および多者間パートナーシップは、それがエコシステムと呼ばれる以前でさえ、利益の最大化を主目的として少数の企業が協力し合う効果的な方法であった。通常、利益は貢献したケイパビリティの希少性にほぼ相関する形で分配されることになるので、重要性あるいは希少性の高い貢献がより多くの利益を獲得することにつながる。このエコシステムはかなり容易に立ち上げることができるため、パートナー候補が明確な目的を共有し、厳密な契約や運営協定によってプレーヤーが他社の縄張りを侵害することを防ぐ限りにおいて、参加者はメリットを享受することができる。

これらのエコシステムは契約型であるため、調整や管理運営のコストは高くつくが、短期的に収益を上げる明確な見通しがあれば、多くのプレーヤーにとってそれだけの価値があるかもしれない。これまでは、持続的な個別の競争優位性を持つ参加者間の長期的契約により、この種のモデルが平穏に存続することができた。しかし、これらは変化が加速している相対的に「閉じた」エコシステムであるため、それらが創出する優位性の賞味期限は短くなってきている。その原因は、類似の目的を共有する他のコンソーシアムにより、即座に競争が発生するようになってきたため（たとえば、航空業界ではスカイチームアライアンス、ワンワールドアライアンス、スターアライアンスが対立している）、あるいは、パートナーシップの管理に必要な規則や規制を、ビジネス環境の変化に応じて機敏に変更することができないためである。

自然のエコシステムには多様な参加者がいるため、多者間パートナーシップよりもいっそうレジリエントな傾向がある。これらは暗黙裡に行われる自己組織化であり、ある程度の役割の重複が組み込まれている。この種のエコシステムには冗長性があるため、どの参加者も公平な取り分を確実に当てにすることはできないが、その分、長期的生存確率が高くなる。システムの一部がうまく機能しなくても、代役がいるからである。自然のエコシステムでは、個々のプレーヤーは独自の貢献度が低いため、短中期的に利益を上げることは難しい。しかし、不確実性が増大する中、より長期的繁栄が望めるのならば、多くの企業は喜んで短期的利益の一部を手放すだろう。「ハリウッド」と呼ばれるマルチプレーヤーのエコシステム（スタジオ、芸能事務所、撮影所、ライター、ディレクター、俳優など）は、その典型的な事例である。

エコシステムの〝起動〟は、数少ない真に再帰的な戦略的選択であり、細心の注意だけでなく、ほぼ継続的な監視と再検討を必要とする。エコシステムに関連する戦略的選択において変更を行うたびに、戦略の他のあらゆる側面に波及効果が及ぶだろう。そして、不確実性に直面したとき、どの企業も自社の成功しているビジネスモデルを頼るべきではないことが、ますます明らかになってきている。新型コロナウイルス感染症のパンデミックでは、多くの人が身をもってこれを学んだ。これほど多くの堅固と思われたビジネスモデルが、わずか数週間のうちに根本から毀損しうるとは、誰が想像できたであろうか。

今後組織は、同種のプレーヤーが複数存在する自然のエコシステムに備わっている、冗長性とレジリエンスをますます重視するようになると考えられる。さらには、ビジネスに

リーダーシップとは、
決断とは程遠いものらしいですね。
TOM FISHBURNE

おける問題がより速いスピードで進化するようなるにつれ、恒久的構造からより半恒久的な構造への移行が見られるようになるかもしれない。私たちはこの「Provoke」への願い、つまり「何かをしよう！」という呼びかけがその移行の一助となることを願っている。

変化を加速させる

スピードが重要だ。変化のサイクルタイムが長くなるほど、行動し、評価し、そしてまた行動するという繰り返しを加速度的に行うことができるProvocateurが優位性を生み出す可能性が高まる。不確実性に直面したときに行動を決意することは、それだけで成功と感じられるかもしれない。しかし、あの致命的な欠陥が頭をもたげ、意気地のない人間が本当は外界の反応をProvokeしたくなどないという気持ちを隠すために、のらりくらりと行動するという可能性もあるのだ。この原則は、あらゆるProvokeに当てはまるものであり、緩慢な動きを避けるためにできることが多ければ多いほどよい。

最後までやり通すこと、信念による勇気、献身的努力。有効なProvokeにはこれらすべてが必要である。そして、本当に世界の変化を推進したいと思う人のためには、個々の動きとシステム全体の動きの両方のサイクルタイムを加速させるためのさまざまな方法がある。それらの加速方法を基に繰り返し行動することで、私たちが望む未来をそうしない場合よりも早く、よりはっきりと実現することができる。

助けとなる加速方法の多くは、今日の一般的な経営の考え方に馴染みのあるものだ。以下はそのほんの一部である。

- **アジャイル運用とプロトタイプ（試作品）の作成**：より早く正確な市場フィードバックを可能にするために、テスト—学習というマインドセットにおける迅速な行動の重要性を全員にわかりやすく認識させるために、忠実度の低い近似的なソリューションを用いて、テスト―学習のマインドセットで迅速に行動することの重要性を全員に認識させることを示唆する。単にその重要性を語るのではなく、これを実際に成し遂げることができた者は、優位性の源泉としてこれを利用することができるはずだ。

- **ビッグデータとＡＩ**：外界を知るための唯一の情報源として使用するのは好ましくないが、この包括的分類に属するさまざまなツールは、市場テストから戻されるデータ・パターンの早期発見に役立ち、その過程における学習のスピードアップと深化に寄与できる。
- **インフルエンサーと市場の専門家**：ＡＩのもう少し人間的でアナログなバージョンとして、特定市場の展開において最先端に位置するアドバイザーのネットワークを維持するという方法がある。これは、あなたが意図した市場の反応から外れていると考えられる場合の早期警告システムとして機能し、Provoke の軌道を維持するのに役立ちうる。

これらはほんの一例に過ぎず、指数関数的な変化により人間の取り組みをこれまで以上にすばらしい技術でサポートできるようになれば、間違いなくもっと多くの加速方法が登場することであろう。しかし、エコシステムの価値はそのような変化にも耐えうるものであることは間違いない。エコシステムは、市場のシグナルをより良く、より速く聞き取るための拡張された相互接続的センシングネットワークを提供するだけでなく、その本質上、あらゆるProvokeの道筋でさまざまな実行手段を検討する際の選択肢を広げるものでもある。

目的を持ってProvokeする方法について、私たちが提供できると思う範囲での体系的なガイダンスという点では、これが私たちの持てるすべてである。本書に書かれているすべてのアイデアは、私たちのクライアントが不確実性に直面しながらも、前進しようと奮闘する姿を見てきた経験から生まれたものである。そのため、成功したものもあればあまり成功したとは言えないものもあるが、人々のエピソードは、その論点をうまく伝えるための最も強力な手段であると考えている。本書の第Ⅲ部では、専門家に話を聞くことにした。すなわち、自分たちの組織をProvokeの道へと導き、目的を達成した人たちである。彼らは皆、自分たちを取り巻く広い世界に深部まで届くポジティブな影響を及ぼすような方法でこれを行い、成果を手にしたのであった。

第 III 部

Provocateursたちのプロフィール

ここまで紹介してきたエピソードの多くは、歴史と実績のある会社にしろスタートアップにしろ、企業において行動を起こしたエグゼクティブにまつわる話だった。しかしリーダーシップというのは企業という括りの中に収まるものではない。また、私たちは、ある文脈から得た教訓をまったく異なる文脈に適用することで新たな洞察と優位性を生み出すラテラルラーニングの価値を強く信じている。

そこで本パートでは、あえて有名な（あるいは悪名高い）ビジネス界の巨人たちを外してProvocateursを選んだ。確かに何気なく見ているだけでは、実は彼らはただ者ではないということに気づかないかもしれない。しかし彼らは、自分でも思いもよらなかった方法で世界を変える重要な変化をProvokeした人たちだ。

それぞれ非営利分野、市民セクター、官民両部門の金融セクターで活躍してきた人物で、活動の場は異なるが、彼らは一筋の糸でつながっている。3人とも、より高い多様性、公平性、包括性が確保され、さらにより有益な人と人とのつながりを持てる組織と社会を構築するという使命を軸にして活動を展開しているのだ。本書で前述したように、こうした目標は、単に努力して果たすべき正しいことだという表面的な価値を有するだけでなく、それを掲げることで、あらゆる種類の不確実性に直面する組織においてより良い意思決定やレジリエンスを実現することにつながる。

デボラ、ライアン、ヴァレリーのエピソードから、組織、立場、年齢、経歴を問わず、誰もが何かしらの教訓を得られるだろう。

第10章 デボラ・ビエイル

マサチューセッツ州ケンブリッジのチョーンシー通りはハーバード大学の中核部に沿って伸びる通りで、まさにそのイメージを裏切らないところだ。ガーデン通りとマサチューセッツ通りを結ぶ短く広い一方通行のこの通り沿いには、街路樹が整備され、戦前に建てられたレンガ造りの4、5階建てのビルが立ち並ぶ。ハーバード大学入学を認められる幸運な人は滅多にいないし、入学後にチョーンシー通りに住める人などさらに少ない。そこからはラドクリフ高等研究所が目と鼻の先で、逆方向に同じくらい進めばハーバード・ロースクールもある。学生ならキャンパス内のほとんどどこにでも徒歩で行けるということだ。

では、ハーバード大学に2回入学した人が2回ともチョーンシー通りの同じ住所の同じ部屋に住む可能性はどのくらいあるだろうか。それは条件さえ整えば、案外非現実的ではないということがわかった。

ポッシー財団の創設者兼理事長として知られるデボラ・ビエイルは、創設から30余年、大抵の人なら夢見るだけで終わってしまうような成果や経験を経て、今日のポッシーを築き上げた。彼女はマッカーサー財団の「天才」助成金を受け、大学適応指数を考案し、25以上の名誉博士号を授与されている。オバマ大統領はノーベル平和賞の賞金の一部をデビー（デボラの愛称）の活動に寄付し、その10年後、アマゾンの創業者ジェフ・ベゾス氏の元妻で慈善家のマッケンジー・スコットもポッシーに1000万ドルの助成金を贈った。デビーはさまざまな環境で育った1万人以上の学生の大学進学や卒業を支援し、学費援助のための資金として総額15億ドル以上を調達した。現在はブランダイス大学の理事を務めている。

部屋の話に戻ろう。彼女は修士号と博士号取得のため2度ハーバードに入学した。デビーがそのどちらの時期もチョーンシー通り18番地の1階にある大きな窓のある同じ部屋に住むことになった経緯を知れば、彼女の考え方や物事の進め方をほんの少し垣間見ることができるし、一連の偉業を成し遂げたこのProvocateurの横顔を知る一助にもなるだろう。

デビーのエピソードを紐解く前に、彼女の人となりを理解しておかなければならない。あなたが初めて彼女に会ったとしよう。そのときあなたは、彼女が自分に強い興味を持ち、もっと自分のことを知りたいと思っていると疑いの余地なく感じられるはずだ。彼女はオープンで温かみがあり、すぐに笑みを浮かべる。共通の話題を素早く見つけることに長けているので、彼女と話をすれば誰でも安心して心を開き、関わりを持つことができる。彼女はいつも誰かとつながっているし、人と人をつなぐことが好きなのだ。あなたが話すと、彼女はまっすぐあなたの目を見つめ、笑うときにはまず、ほんの少ししわを寄せる。彼女があなたに質問するときはかすかにその目の輝きを増すのだが、実際、その表情は数パターンあることを私たちは知っている。彼女は常に探りを入れつつ、あなたが自分の行動に対してなぜそう考え、信念を持っているのかを理解し、あなたの経歴において何が世界観に影響を及ぼし、目の前にいるあなたという人物が形成されるに至ったのかを知ろうとしているのだ。夕食時に会話が途切れると、彼女は機知に富んだ質問を投げかけ、大抵皆が深く内省し、そして討論が始まる。しばらく経てばその新たな親友たちと別れることになるのだが、そのときは彼女が皆にハグをする。何度も。

デボラが2度目のハーバード大学での生活を送るための部屋を探していたとき、その裏側で何が起こったか、私たちは想像するしかない。学位を取得してケンブリッジを離れていから、彼女はよくチョーンシー通り18番地のアパートの1階の部屋のことを思い出していた。その立地が大好きだったのだ。部屋から見える夏の木々、冬の雪、そして何より、通りに面した大きな窓から差し込む光が好きだった。当然ながら、彼女が不動産業者に最初に内見を依頼したのは以前住んでいたアパートだった。空室はあったものの、前に住んでいた部屋には若い男性とその婚約者が住み始めたばかりで、快適に新生活を過ごしていた。デボラは空室の三階の部屋を見せてもらうことにした。しかしそこは、前の部屋より大きいというのもあるが、とにかく同じではなかった。居心地も眺めも異なり、そして差し込む光が明らかに違った。彼女はその部屋に住みたいとは思わなかった。

数週間後、デボラは前と同じ部屋に住み、婚約中の男性は、婚約者と家財一式ひっくるめて空室だった3階の部屋に移っていた。最初にこの話を聞いたとき、私たち2人は何が起こったのか困惑してしまった。デビーは攻撃的な態度を見せつける人ではないし、自分の思い通りになるように金銭をばらまくこともない。争い事を避けるのを基本とし、他者を喜ばせるためにあらゆる手段を講じようとする人だ。

後で聞いた経緯はこうだ。デビーは不動産業者と共にアパートの外に出た。その担当者は、賃貸市場が厳しい中、彼女がこの部屋を拒んだことがただただ理解できずがっかりしていた。デビーは彼が去るのを待ち、それから180度向きを変えてアパートに戻った。彼女は以前住んでいた部屋のドアをノックして、出てきた住人に自己紹介した。

「こんにちは。私はデビーという者です。以前この部屋に住んでいて、どうしてもまたここに住みたいと思っているんです」
彼女は住人が反応を示すのを待った。その後、彼女曰く「お願いしただけ」だという。デビーに対する一連のインタビューを通じて（その間、私たちはインタビューする側であると同時にインタビューを受ける側であるかのように感じられたと言える）、私たちは彼女について、それから彼女個人としての成功とポッシー財団と共に歩む中で収めた成功について、より詳しく知ることができた。彼女は、個人の成功と組織の成功は別物だということ、そしてポッシーを築くにあたり、たくさんの人が彼女を支えてくれたということを常に注意深く意識している。しかし、デビーがいなければ今日のようなポッシーにはなりえなかったことは、疑いの余地がない。35年近く前、彼女が初めてポッシーの可能性を感じたときから、彼女は自分自身と周囲の人々のために望ましいと考える未来を“Provoke”しようと先鞭をつけてきた。元来、彼女は推進（drive）モードであることが多いが、彼女自身が認識しているかどうかによらず、彼女はこれまで、自身の便益に合わせてあらゆるProvokeモードを駆使してきたことは明らかだ。

デビーによると、ポッシーは「米国におけるリーダーたちのネットワーク構築を長期的な目標とする、人口動態をより正確に反映した多様性とリーダーシップの開発プログラム」

であり、リーダーシップと変革という2つの基本理論に基づいている。デビーはハーバードビジネススクールの授業の中で「人種、ジェンダー、階級、性別、宗教などアイデンティティと意思決定の相関について思考をめぐらす人は、職場でも、さらには世界においても、より強力なリーダーになれます。組織の中でリーダーシップを発揮する地位に立つポッシーの卒業生を増やすことでリーダーシップの質は向上します。彼らが意思決定することで、すべての米国人の声、ニーズ、利益が反映されることでしょう」(注10－1)と語った。

ポッシーのアイデアと名前は、デビーがブランダイス大学を卒業して間もなく、シティキッズ財団という放課後プログラムで働き始めたときの経験が元になっている。1985年に設立されたシティキッズは、主にニューヨーク市の公立学校に在籍するきわめて優秀で多様な若者たちが参加する青少年育成プログラムだ。この非営利団体で勤務する中で、デビーは担当していた10代の子どもたちの才能に何度も驚かされた。中には限られた援助しか受けられない環境にある子どももいたが、彼らは心に決めたことをなんでもやり遂げる能力があった。多くの子どもたちが大学に進学したが、カルチャーショックに打ちのめされニューヨークに戻ってくるだけだった。そして、そのうちの1人が「もしポッシーがいたら、絶対中退したりしなかったのに」と言った。

そのときのことについて、デビーはこう話す。「当時はポッシーという言葉が流行って

あなたには10人分の
影響力があるようですね。
それは、ポッシーと
呼ばれるものです。
TOM FISHBURNE

いました。『私の仲間』『私のグループ』『私を支えてくれる人たち』を表す言葉です。私は心底納得しました！　それなら学生同士が支え合えるように、チームを組んで一緒に大学に送り込んでみてはどうだろうか。そうすれば、ニューヨークのブロンクス育ちの若者がのどかなバーモントのミドルベリー大学に入ったとしても『ここにいたくない』と言う子は少なくなるはずです」。

そんな思いつきから、ポッシーの取り組みは花開いた。今やポッシーという言葉自体は流行語ではなくなったが、デビーのビジョンはひたすら輝き続け、確固たるものになっている。その中核にあるのは、ポッシーはリーダーシップを発揮する可能性を十分に持ち合わせた米国の高校生を発掘、採用、育成することを使命とする実力主義のプログラムということだ。ポッシー奨学生は、10人のグループ、つまりポッシーとして提携大学に通い、その大学から授業料全額免除のリーダーシップ奨学金を給付される。奨学生は大学に入る前にポッシーの入学前教育プログラム（PCT）に参加し準備を整える。入学後も、奨学生がスムーズに社会人に移行し、キャリアコーチの指導やインターンシップ、仕事などの機会を逃さないようにするため、ポッシーは公式のものから非公式のものまでさまざまなアプローチを活用している。

このプログラムの根幹をなすのが「行動評価プロセス」（DAP）と「ポッシープラスリトリート」（PPR）の2つである。DAPは、奨学生を発掘・選抜するためのポッシー独自のアプローチで、グループ間の活動を組み合わせて行う査定方法だ。それによって米大学進学適性試験（SAT）や学校の成績といった従来の指標をはるかに上回る将来性の兆しを見出すことができる。DAPは、都市部の公立学校や地域団体と連携し、高いリーダーシップを持つ可能性を秘めた優秀な生徒を幅広く集めている。面接のプロセスにおいて特筆すべきは、応募者がグループベースかつタスク指向の活動を進める中で、非認知的な対話能力とコミュニケーションスキルが強調される点である。この面接では、その場限りの適正検査や自己申告による信念や実績ではなく、これまでの行動が示す筋道が重視されているのだ。また、奨学生と学校の双方の希望を考慮したうえでマッチングが行われ、ミスマッチが起こらないようにしている。

ＰＰＲは、ポッシーが各提携大学向けに運営を補助する学外活動で、全米で毎年５０００人以上の大学生が参加している。このリトリートでは、ポッシー奨学生が教授や管理者、および奨学生以外の学生１人を招待し、毎年行われる全国の奨学生を対象とした関心調査で挙げられた重要な社会的・政治的問題について議論する。プログラムの核であるこのＤＡＰとＰＰＲは、組織の最終目標の達成に向けて必要な変化を促進するための取り組みなのだ。

こうしたプログラムの核となる部分は、組織が成熟し、その使命と影響力が拡大しても揺るぎがない。２００７年に最初のＳＴＥＭ（科学、技術、工学、数学）系の学生向けのポッシープログラムが、その5年後に9・11後の退役軍人向けポッシープログラムが策定されたのは、特に注目すべき点である。ポッシー奨学生の大半が社会人になった今、デビーやポッシーのスタッフの議論の焦点は、大学内でのリーダーシップだけでなく社会人としてのリーダーシップに移りつつあることがわかる。２０１４年に発足したポッシーコンサルティングは、過去30年にわたるポッシーの経験に基づいた研修、ベストプラクティス、学習機会を企業、政府、非営利団体向けに提供し、各組織におけるポジティブな環境変革を加速させる有料プログラムである。この本を執筆している時点では、企画や試験プログラムの段階において、他にもいくつか期待が膨らむような変化を見せている。

ポッシーに新たなチャンスがもたらされた激動の2020年までに、ポッシーはコーネル、ペパーダイン、ノースウェスタンなど60以上のトップクラスの大学を提携校として巻き込むまでに成長していた。前述した参加学生数や奨学金支給数以外にも、以下のように見事な成果を上げている。

- 年間1万7000人の奨学生を選出し、年間1億5000万ドルの奨学金を支給
- 全米主要10都市に支部を設置
- 200人以上の理事および諮問委員会メンバー
- 資産1億ドル以上

そしておそらく最も目を見張るのは、ポッシー奨学生の90％超が大学生活を続け卒業するというデータであり、これは全米平均の62％より50％近くも高い。

簡潔に言えば、ポッシーはうまくいっているのだ。

デビーは、ポッシーの活動においてほんの少ししか関わっていない何十人もの人たちの名前をスラスラと挙げられる。そうは言っても、デビーこそがポッシーの使命の推進者で

あり、その基本理念とプログラムの立案者である。そして私たちは、彼女がすべての主要なステップの中心にいながら周囲の人々が関知しないところで成果を上げてきたのだと確信している。デビーの経歴をより深く掘り下げると、現在のポッシーに消えることなく刻まれたエピソードやパターンが見えてくるだろう。

デビーはマンハッタン生まれのニュージャージー州ティーネック育ちで、父は名門オーケストラ、ニューヨーク・フィルハーモニックのコントラバス奏者兼ニューヨーク州立精神医学研究所の情報担当者だった。彼女の記憶によると、「赤い雨戸のある白い家」に住み、徒歩で学校に通い、成績は良いがクラスのトップではないというごく普通の中流階級の家庭に育った。彼女は両親や学校の先生を喜ばせたいがために規則を守り、「やせっぽちで夕食が終わるのを待ちきれずに本を読む」ような子どもだったという。

しかし、その表面的な話を掘り下げると、わずかながら彼女の特殊な行動様式を示すパラドックスを感じられる。彼女は規則を守る子どもだった、通学路で見知らぬ人にもわざわざ挨拶をしていたけれど。彼女は先生を喜ばせようとする子どもだった、彼女に自分より上の学年向けの本を読ませないようにしようとした小学校の図書室の司書にけんかを売ったことはあるけれど。彼女は内向的な性格だった、小学校3年生のときに全校児童に披露するために劇の脚本を書いたことはあるけれど。そして何より、彼女はおそらくあらゆる面で相手の気持ちを敏感に感じ取ろうとする性格で、しばしばモノに感情移入するほどだった。彼女は「嫌いな服があっても、その服を悲しませたくないから着てあげていたの」と話していた。

デビーはブランダイス大学卒業後ニューヨークに戻り、シティキッズのトレーナーとして従事した。彼女の運命を左右したポッシーと大学中退に関するあの発言を聞く前から、デビーは仕事を通じて力強い現実に触れ、行動を起こそうと思っていた。彼女が担当していたのは頭脳明晰で、才能にあふれ、大学進学を希望し、他の子どもとたがわず一流の大学教育を受けるに値する子どもたちだった。しかし彼らには、より良い未来への道が準備されているわけではなかった。デビーは「彼らにはつながりがありませんでした。トップクラスの大学に進学『するべき』人というのは非常に限られた人だと定義されていたので、彼らは機会を逸していたのです」と述べている。また彼女は、こうした子どもたちの才能を意思決定者に直接見せることの威力を実感するようになった。

デビーはこう語る。

当時は本当に楽しく仕事をしていました。子どもたちはデミ・ムーア、ブルース・ウィリス、リチャード・ギアなどの有名人と関わりを持ち、キース・ヘリングは彼らのロゴをデザインしてくれました。子どもたちは公立学校の帰りにこの放課後プログラムにやってきて、演劇や音楽の制作に取り組みました。私は大学を卒業したばかりで、子どたちとリーダーシップに関するワークショップを運営していました。そこで「スピークアウト」と呼ばれる活動を実施していたのです。ホテルの宴会場のような部屋に400人の生徒を集め、学校での経験、地域社会、生活など、自分たちが気にかけている問題について1日中語り続ける活動です。彼らは地球温暖化、環境、司法制度に関する演劇作品の脚本を書きました。その作品を上演したところ、あまりにすばらしい出来だったため有名人たちが関わるようになったのです。

彼女は、優秀な若者が新しいことを成し遂げるのを見ると誰もがやる気になると実感していた。ソーシャルセクターで働く人、会社やエンターテイメント業界、そして政府などの組織で働く人、金持ちとそうでない人、有名人とそうでない人、誰もがそうなるのだ。このプログラムをきっかけとして有力者とのつながりが拡大し、ついにはヴァンダービルト大学ピーボディ校の学長や教授が訪れるまでになった。デビーはこう話してくれた。

「ヴァンダービルト大学の方々をレオナード通りの地下のオフィスに招待し、我々の活動を見てもらいました。彼らは子どもたちに圧倒されました。皆、彼らの才能、輝き、そしてその頭脳を目の当たりにしたのです。彼らはその場を離れてから『あの子たちにうちの大学に来てもらいたい』と言いました」。ヴァンダービルト大学など各校が入学手続きとして採用していた評価方法では、何らかの理由でこうした影響力のある志願者を逃していたということだ。

1つのシグナルがあり、デビーはそれをキャッチした。そしてポッシー財団設立のきっかけとなるヴァンダービルト大学での試験プログラムの立ち上げにつながった。最初の数年は疑心暗鬼になったり、給料が出なかったり、否定的な人がいたりしたが、このシグナルが重要だった。それは「もし」から「いつ」への転換の兆候であり、大きな影響力を秘めたデビーの構想をProvokeする役割を果たした。大学があらゆる面で多様性の欠如に悩まされ続ける中、彼女はポッシーのようなアイデアが機能する可能性を見出していた。活動に参加している子どもたちに彼らにふさわしい経験を提供しつつ、大学を支援する方法があるかもしれない。確実とは言い難いが、可能性はあった。そしてデビーは、その可能性を最大化にするために人とつながることに専念した。デビーにとって、配置の局面でとにかく最初の成功体験を収めることが重要だった。

1990年、最初の「ポッシー」(現在の学生数は通例10人だがその当時は5人だけだった)は、ニューヨークから長距離バスに乗りテネシー州ナッシュビルに向かった。彼らはそれまで一度もキャンパスに足を踏み入れたことがなかった。寮の部屋の窓には南部連合旗が掲げられ、通りのガソリンスタンドには頭にスイカをのせた黒人の首振り人形が売られていた。白人の多い南部で彼らの来訪は、地元紙ナッシュビルシーン（The Nashville Scene）の1面に「ヒスパニック系の学生5人と彼らの実験的ヴァンダービルト大学生活」という見出しで掲載されるほど大きな出来事だった。デビーは言う。「簡単なことだったか？　すぐにうまく機能したか？　もちろんそんなことはありません！　しかし人は何かを信じ、誰かとの関係性があり、そのアイデアが良いと思えば、それを実現するために闘うものです。我々は失敗するつもりはありませんでした」。

そしてこれは、本質的にはProvocateurとしてのデビーのエピソードだ。細かなところは幾分も伝えられていないが、彼女がポッシーの設立から30年以上にわたり行動を起こすためにやってきたことのエッセンスを示している。彼女はチャンスが巡って来たときにいつでも行動に移せる、つまり「何かしよう！」とする準備ができている。また、彼女は決してシナリオがあるとは言わないが、パターンがあるのだ。彼女が常に行動する準備を整え、どんなかたちであれ自分の使命を前に進められるような状況になるまで待ち、あらゆる手段で人とつながりネットワークを広げることに時間をかけるというパターンだ。状況が変わったそのときは、彼女はすぐさまその流れに乗り、自分が望む結果を導き出すために次のステップに進む。

デビーに目標を達成するための秘訣をたずねると、彼女はこう答えた。「シンプルなことです。カレンダーにやるべきことを書き込んで、そこに至るまで周りの人に責任を持たせるのです」。

こうした状況は年を経て大きく変化した。提携候補の大学の経営陣が交代したことや米国大統領がノーベル平和賞の賞金の一部を寄付したことなど、そのきっかけはさまざまだが、デビーは常に行動する準備ができていた。ポッシー創設から8年目、彼女はニューヨーク・タイムズ（New York Times）のオピニオン欄のコラムニスト、ボブ・ハーバートと話す機会を得た。デビーらしいことに、彼女は簡単な電話インタビューは断り、ダウンタウンまで子どもたちに会いにきてもらうようボブを説得した。そして彼はやって来た。デビー曰く、このときのコラムがポッシーを組織として正当化し、それまでとは違う形で全米に知らしめた。2年後、ポッシーは米連邦政府教育省から助成金を受けボストンに最初の支部を開設した。その後はほぼ隔年で新たな都市に支部を開設し、15年かけて着実に全国展開を進めた。ちなみにボブとデビーは結婚することになるのだが、その話はまた別の機会にするとしよう。

いつもデビーの思い通りにことが進んできたわけではないのは明らかだ。ポッシーはこれまで、心を痛めるような困難にもいくつか直面してきた。2001年9月11日、世界貿易センタービルでテロが発生したが、ポッシーのオフィスはその現場から4ブロック先にあった。彼らはDAPの実施を控え、全米のスタッフを対象とした研修を行う予定だったため、ボストンやシカゴから来たスタッフたちがまさにニューヨークの上空にいて、眼下に広がる惨状を見下ろしていた。デビーは最初の飛行機がビルに衝突した後、必死でダウンタウンに向かっていた。運行が止まった地下鉄で行くのをあきらめ、タクシーの運転手を言いくるめてどんどん南へと走ってもらった。しかしそれも、2機目が衝突し、彼女の体から「血が噴き出す」までのことだった。

つらい傷を負いながらも、デビーはくじけないよう自分を奮い立たせて行動に移った。彼女はスタッフをまとめ、各々が担当していた研修資料のすべてを自分のアパートに運ばせた。翌日、彼らはデビーの自宅の屋上でDAPをやり遂げるための行動計画を練った。研修を中止して子どもたちをがっかりさせるわけにはいかなかったのだ。デビーは、当時カレッジボード（米国の教育関連非営利団体）の理事長だったウエストバージニア州の元知事、ガストン・ケイパートン氏に電話をかけた。そしてカレッジボードのオフィス内に一時的にポッシーのオフィスを移転できるよう話をまとめ、その後6週間そこで業務を行った。皆、動揺を見せなかった。デビーは回想する。

その年、私は恐怖と悲しみを感じたことを覚えています。世界貿易センタービルの窓から人々が飛び降りるという恐ろしい光景を覚えています。ジュリアーニ市長がウォール街で働く人々にダウンタウンに戻るのを許可したこと、そのとき私たちは市役所からマスクをつけて歩かなければならなかったことを覚えています。まるで核兵器による大虐殺のようでした。オフィスに入ると、ペンも電話もすべてが倒壊した世界貿易センタービルの粉塵に覆われ、壊滅的な損害を被っていました。しかし我々は『今年は1回お休みとしよう』とか『しばらく休業しよう』とは言わず、働き続けました。仕事は休みませんでした。1日も休むことはありませんでした。

それから約20年。さまざまな出来事が起きた2020年の終わりにデビーと話すことは、最高のProvocateurであっても、実際には困難にも見舞われていることを知る興味深い研究になっている。激動の時代には、誰もが混乱し、不安が生じるものだ。2020年は終わりがないかのような激動の連続だったが、ある2つの出来事によって、ポッシーの運命を大きく変えることになりそうな予期せぬ影響が生まれた。それは3月の新型コロナウイルス流行による米国における急激なオンライン化(仮想化)の加速と、5月のジョージ・

フロイド氏殺害である。

2020年の初頭時点では、ポッシーはその定義からして当然、非常に密接な関係の下で成り立っている組織だった。DAPや放課後の大学入学準備プログラムでは生徒に一堂に集まってもらう必要があるため、支部がある都市でのみ奨学生を募集していた。そうしてあらゆる分野においてポッシー奨学生が加速度的な成功を収め、このシステムは上手くいっていることが証明されていた。時間が経つにつれ、新たな成長戦略を検討しようという考えがデビーをはじめポッシーのスタッフの頭をよぎることもあったが、物理的にこれ以上拡大することは費用と便益のバランスから考えても理にかなうものではなかった。また、元々対面で行ってきたプログラムをバーチャルで実施できる世の中になることを示すシグナルもなかった。そんなとき、突然シグナルが発せられたのだ。多くの人がZoomを使えるようになり、ポッシーもオンライン上のビデオ通話でプログラムを実施せざるを得なくなったが、それで支障なく活動を続けている。

デビーはポッシーの影響力を飛躍的に高めることができる新しいアイデアを目の当たりにした。プログラムがオンラインで実施できるようになったため、生徒がどこに住んでいても参加してもらえるようになった。それだけでなく地理的に多様なグループを作ることができるようにもなった。これは組織の拡大目標を目指すにあたり、一気に流れを変える可能性を秘めた変化だった。

デビーはいつものように電話を取り、オバマ政権時代に米教育長官を務めたアーン・ダンカンとマイアミ・デイド郡公立学校区の教育長だったアルベルト・カルヴァリョに電話をかけた。そして、ポッシーの支部がない主要都市の各地域の責任者たちから支持を集め、その責任者たちにバーチャルなポッシーという新しいアイデアを立ち上げるためのオンライン会議に参加するよう働きかけてほしいと依頼した。

デビーはこう説明する。「我々が招待した各地域の責任者たちは全員参加してくれました。彼らは『もちろん協力します。ぜひ私たちの地域の生徒を見にきてください。この地域の学校にも優秀な生徒がいますので』と言い、全員が地域内のすべての高校の校長に連絡を取り、生徒を推薦するよう頼んでくれることになりました。並行して大学の学長たちとも電話で連絡を取ったところ、彼らは地理的に多様なポッシーというアイデアを気に入ってくれました。これは、大学側もそうしたいと思っていたことだったのです」。

しかし、もちろんコロナだけがこのような変革を促したわけではない。ポッシーは常に高等教育と多様性が交わるところで活動し、時代の変化に合わせてシフトしてきた。「多様性」の概念にはさまざまな側面や利点がある。ポッシーは、それがより具体的かつ洗練されたかたちで論理的に体系化されるにつれて進化してきた。デビーは30余年にわたりポッシーを運営する中で、まずもって自分自身が変化してきたことを認めている。彼女は「23歳でポッシーを始めたときよりも、今の方がずっと社会正義の核心に触れ、献身的に取り組んでいます。設立当初、私は子どもたちとの人間的なつながりによって突き動かされていました。今私を突き動かしているのは深い不公平感なのです」と述べている。

2020年5月に黒人のジョージ・フロイド氏が白人警察に殺害されたことで、米国における体系的な人種差別の現実がついに国民の意識の最前線に浮上してきた。この事件を受け、ポッシーの基本コンセプトである「実力主義」をモデル全体におけるあいまいな要素の1つとしてしか見ていなかった人たちにも、デビーがそのコンセプトにこだわる意味をはっきりと理解してもらえた。デビーはこう語っている。

米国の白人は有色人種、特に黒人に対して、まるで誰もが支援や慈善を必要としているような、そして誰もが矯正や更生が必要だというような見方をしてきた歴史があります。ポッシーは、「危機に瀕した子どもたち」や恵まれず不当な扱いを受けている生徒（多くの場合、有色人種の生徒である）向けに、その欠落をベースとしたプログラムを実施してきた歴史があります。そうして提携大学の多様性に関する目標を達成してきました。これらのプログラムは重要ですが、多様性を実現するための第一手段にすると、学生間に実力で入学した者と慈善により入学した者という一種のカーストを築いてしまいます。ポッシーは、テストの成績だけでなく実力を重視する奨学金制度という理念に基づく実力主義を核とするダイバーシティの取り組みです。つまり、大学における健全なコミュニティには、リーダーとしての資質とさまざまな人種の人たちと関わりを持つスキルが不可欠であり、それらのスキルを持つ学生は、トップバイオリニストやアメフトのスター選手、SATのトップスコアを持つ生徒と同様に評価されるべきだということです。統合された多様性とは、すべての学生が包括され、すべての学生が等しくその一員であるという価値です。これは本当に重要なことです。全米でこうした全国規模かつ実力主義の多様性に関する取り組みがあるか探してみてください。我々がそれを提供しています。我々のプログラムがその実例です。

2020年、デビーとポッシーにはさまざまな不確定要素が突き付けられた。どうすればリモートバージョンのプログラムがよりうまく機能するか、経済が崩壊すると資金繰りはどうなるのか、不公平をなくしていくというポッシーの中心的な役割はこのような状況下では後回しにされてしまうのかといったことだ。にもかかわらず、結果としてポッシーはより強固になり、進むべき道において多様な選択肢を持つことができた。この年の半ば、マッケンジー・スコット財団から多額の助成金を受けた。この資金にいろいろな面で支えられながら、デビーは再び「何かしよう！」とする態勢を整え、今度はより直接的に大きな組織に介入していく。

デビーは言う。

ポッシーはリーダーシップに関する一貫したプログラムですが、一方でサポートに重きを置いていました。私たちは、学生たちがリーダーとして活躍できるよう教育プロセスを通じてサポートできると信じていました。今、ポッシー奨学生は1万人に到達しようとしていますが、今後はより直接的にリーダーシップの部分に注力していこうとしています。米国は二極化し、その中で私たちが目にするリーダーたちは一部の属性に偏っています。米国上院議員の90％は白人で、そのうち男性が75％を占めています。いつになったら変化が起きるのでしょう？　幼稚園から高校までの教育システムを修正する必要がありますね、と言っているしかないのでしょうか？　それを待ってはいられません。私は今、多様性、公平性、包括性を重視している企業に注目しています。彼らはその価値観を支えるプログラムを構築していますが、そのほとんどすべてが初級レベルのインターンシップや同種の機会を対象としたものです。不思議なことに、リーダー層に対してはこうした投資がないのです。なぜ経営幹部はリーダー層を対象としたインターンシッププログラムを構築しないのでしょうか。なぜ最高経営責任者（CEO）や最高財務責任者（CFO）をはじめとする最高経営幹部やその直属の部下の人たちはこうしたプログラムに参加しないのでしょうか。

デビーは、大学だけでなくすべての組織で必要と考えられる取り組みにおいて、ポッシーが特別な位置づけにあることをはっきりと理解している。ポッシーは人種差別と闘い、統合されたコミュニティを構築するために、多人種間のアプローチを常に核に据えている。そして30年に及ぶ実績から、行動と変革の分野におけるリーダーとして位置づけられた。すると突然、プログラムに興味を示す大学や、多様性、公平性、包括性に関する研修の運営をポッシーに任せたいという企業から電話や依頼が舞い込むようになった。ポッシーのアプローチは、リーダーシップを含む実力の定義が明確にされており、公平性と反人種差別に関する国内の議論が高まる中で決定的に重要なものとなったのだ。

デビーは将来に向けた自分のビジョンに沿って成果を上げ続けるだろう。そのビジョンは時間とともに進化するかもしれないが、彼女がどのように行動に移すかという観点から見ると、その方法はおそらく変わらないと思う。彼女が目先の利益のためにポッシーの基本原則に関して妥協することはない。そしてこれからも「もし」から「いつ」の変化をいち早く察知して、すぐに電話を取り、成功に向けて配置するために誰かとつながるのだろう。それから、カレンダーにやるべきことを書き込むのだ。

この先数年、あなたはポッシー財団に関する情報に触れる機会が増えるかもしれないし、デビーがこれまで広げてきた人脈を駆使してあなたに電話をかけてくることすらあるかもしれない。もし、あなたがケンブリッジのチョーンシー通り18番地の1階に住んでいて、彼女が電話をしながらやって来たとしたら、私たちは、彼女が住まいを探し中でないことを願うばかりだ。

第11章 ライアン・グラベル

私たち2人は仕事柄、長年にわたり多くの場所を訪れた。異国情緒あふれるところもあれば、はっきり言ってそうでもないところもあった。そして多くの人と同じように、行ったことのない都市を訪れると、2人とも決まって外に出て散歩をする。スティーブは生来好奇心旺盛な性格だし、ジェフは何年も前に父親にそうすれば時差ボケが治ると言われたからだ。速いスピードで移動したのでは味わえない街歩きの醍醐味がある。そう信じているのは私たちだけではない。歩いてみるとより細やかなところ、つまり小さな砂粒や匂い(かぐわしいものも悪臭も)、そして間違いなくその土地の魅力を感じられる。

私たちはそれぞれ、いろいろな都市を旅した経験や思い出に感化される機会に恵まれてきた。ジェフにとって東京への旅は特別だ。以前定期的に東京を訪れていたころは、眠れず未明にベッドから出て、夜明けとともに築地市場まで歩いて行くのが常だった。現在は閉鎖され豊洲に移転したが、築地は何十年もの間、世界が驚嘆する名所の1つだった。そこは、木箱や桶に入った気が遠くなるほどたくさんの水産物を陳列した店舗がひしめき、それがどこまでも続くように見える場所だった。彼は文字通り何時間もさまよいながら、騒がしい光景や、時折行われるマグロの競りを見て、自分の感覚と体内時計をリセットしていた。

スティーブは2005年に、当時世界で最も危険な場所の1つとされていたリオデジャネイロのスラム街、ロシーニャ地区の見学ツアーに参加したときのことを鮮明に覚えている。彼の生い立ちからすると、目にするものの多くがショッキングだったが、最後に地元のツアーガイドはスティーブを自宅に招き入れ、未来への希望を示してくれた。家の外では信じられないような争いが起こり、衛生環境もひどいものだったが、家の中ではガイドの子どもたちがオンラインで勉強していたのだ。そんなことができるとは今から数年前ですら考えられていなかったことだ。

ライアン・グラベルが都市に関するひらめきを得たのはパリに留学しているときだった。そのひらめきによって今、彼の故郷アトランタは変貌し続けている。「ベルトライン・ガイ」として一部の人に名を知られているライアンは、20年以上にわたり、アトランタに住むすべての人々に、この街での新しい暮らし方や体験、そして言うまでもなく人と人とのつながりの価値を提供することを使命としてきた。ジョージア工科大学の修士論文のためにライアンが始めたこのプロジェクトは、現在アメリカ最大の都市経済開発プロジェクトの1つに発展しているが、すべては彼がパリを歩き回って得た経験がきっかけとなっている。その過程で彼は大小さまざまな成功を収め、アトランタや周辺地域ではかなり有名になり、『私たちが住みたい場所：新時代の都市のためのインフラ再生（Where We Want to Live: Reclaiming Infrastructure for a New Generation of Cities)』という本も執筆した。一方で数え切れないほどの紆余曲折や転換、そして失敗を繰り返してきた。ライアンは市民団体のリーダーとして、また地方や州政府、不動産開発、広範に及ぶ民間部門、コミュニティ活動などさまざまな分野で活躍し、まさに〝適応〟型のProvocateurの典型となった。つまり彼は常に最終目標を意識し、常にそれを達成するために次の一歩を踏み出す準備をしているのだ（注11−1）。

米国外の人は、あるいはジョージア州以外に住む多くの米国人ですら、ライアンがProvokeしたこのプロジェクトについてよく知らないかもしれない。今日、アトランタベルトラインは「公平で包括的、かつ持続可能な都市生活の実現に向け、アトランタが世界的な指標になるための変化を促すもの」として構想されている。この組織が掲げる目標は、感銘深くもあり、困難なものでもある。たとえば33マイルの都市型多目的遊歩道、歩行者に配慮した22マイルの鉄道路線、100億ドルの経済開発、労働者向けの手ごろな価格の住宅5600室、1300エーカーの緑地の新規整備、1100エーカーの環境美化、46マイルの街路美化、米国南部最大の屋外パブリックアート展、3万件の常時雇用創出などを打ち出している。このすべての発端は、パリを歩き回ることに夢中になりすぎて電車に乗り遅れてしてしまった大学生の脳内にあった（注11－2）。

グラベルはルイジアナ州の空軍基地で生まれた。親族一同がここの出身だ。彼の家族はグラベルがまだ小さかったころ、アトランタ郊外に引っ越した。より大きな経済的チャンスを追い求める両親が決めたことだ。ライアンは双子で、自分のことを「内気でクリエイティブな人間」、一方兄のことを「スポーツマンで外向的、その上、女の子にもてた」と評した。彼は自分の青春時代について、概ね「空想しながら頭の中で過ごし、絵を描くか、何かを作ってばかり」だったと語っている。ジョージア州チャンブリーで育った自称鉄道マニアの彼は、夜になると鉄道車両が近くで行き交う音を聞いていた。父は建設技師、母はキルトや手芸の職人というライアンは、遺伝的に芸術と科学が融合した分野を求める傾向にあるようだ。

また、グラベルは常に人に魅了されてきた。人生に関する人々の選択や、地域社会を見渡したときに表出する明らかな差異には、本質的な面白さがあるというのが彼の考えだ。そんな彼が、研究分野として建築を選んだのは当然のことかもしれない。建築はかろうじて「芸術と科学」の要素を併せ持つという点をクリアしているからだ。その上で人々が楽しみ、動き、生活を送る空間をデザインする機会をライアンに与えてくれた。彼は、建築とは3次元の問題解決であり、建築教育とは仲間という陪審員に対して自分の設計の弁護をすることだと表現している。

ライアンは、ジョージア工科大学の4年生のときパリに1年間留学し「世界の見方が根本的に変わった」。建築を学ぶために留学したものの、彼はすぐに「建物と街における体験を区別することはできない」ことに気づいた。建築とは、ある意味都市のデザインだと認識したのだ。ライアンはどこにでも徒歩で行き、上や周りを見ながら歩いた。おそらく無意識のうちに、他人や周囲を観察したいという彼の性分からくる欲求を満たしていたのだろう。さらにライアンは、ヨーロッパが長きにわたり他の地域の人々を引き付けてきた要素にもすぐに気づいた。それは、ヨーロッパは比較的小さいこと、歴史が詰まっていてパリ以外にも非常に興味深い都市がたくさんあること、そしてそのすべての都市を結ぶ優れた鉄道インフラが整備されていることの3つである。

ライアンは都市を研究する学生になっていた。

そんなふうにすべてに納得していたころ､彼は新たな変化に気がついた。体調が良くなったのだ。パリに来て最初の1カ月で体重が15ポンドも減った。にぎやかな都市の刺激的な環境の中で、どこへでも歩いて行き、新鮮な食品を食べ、すっかり元気になった。彼はすばらしい建築や芸術に囲まれ、そして何よりも重要なことだが、社会全体に包まれるように過ごしていた。彼はこう説明している。

私が健康かつ幸福になるために都市がどのような役割を果たしているか、これまでと違う見方をすることで明らかになりました。私は歩きながら観察していました。人々がどのように生活しているかを観察していたのです。都市は人々が望む生活をするための手段を提供していました。パリは別の生き方、つまり私が望むような生活につながる扉を開いてくれたのです。それは自分が育ってきた生き方とはあまりに違っていました。

ライアンは「インフラは都市を構築するだけでなく、人々の生活も創り上げる」と理解するようになった。とにかくインフラが要なのだ。彼の記憶では、パリで住んでいたアパートから1ブロックの範囲内に、市内のどこにでも行ける地下鉄の駅も、リヨンやベルリンに向かう列車の駅もあり、歩きながらどちらに乗るか決めることもできた。どこに行くにも車は不要だった。それも一因となって、彼は人生について過度に計画を立てなかった。ただそういう環境を生きているだけで良かったのだ。パリでの経験はその後のライアンの人格形成に影響しているが、その最も大きなものの1つが、彼自身について、そして彼独特のProvokeスタイルの核にあるものについて多くのことを物語ってくれる。

それは、彼が連休を使って旅行に出かけたときのことだ。彼はパリを歩き回って観察することにはかなりの時間を費やしていたが、学業があったので、ヨーロッパを旅する機会はあまりなかった。帰国が迫った彼は、イタリアのピサとフィレンツェへの弾丸旅行を計画した。文化や建築の発展に貢献したその2つの都市に行ってみたいと思っていたのだ。確かにライアンは、控えめに言っても綿密な計画を立てて物事を進めるタイプではない。しかしこの旅に関しては計画を立てていた。リヨン駅を出発し安価なホテルに2泊して、夜行列車でパリに戻れば学校に間に合うという算段だった。不幸にも（あるいはこれが幸運だったのかもしれない）、ヨーロッパでは米国で慣れていた12時間制ではなく一般的に24時間制が採られており、そのせいで発車時刻を2時間勘違いした彼は、旅の起点となる列車に乗り遅れてしまった。深夜になり、翌日出発しても計画していた予定をすべてこなすのは無理だと気がついた。彼はほんのしばらく落ち込んだが、その後トゥールーズ行きの列車に乗るためセーヌ川を挟んだ別の駅へと走った。

トゥールーズはイタリアの近くでも何でもないが、とりあえずパリから南へと向かった。この行動は、Provocateur たるライアンのある特徴を示唆している。彼の心の中には目的があったが、その定義は多くの人が考えるものと違った。彼はピサやフィレンツェに到達することを成功と定義したのではなく、いつもと違う場所に身を置き、他者と関わることを成功と定義したのだ。結局その週末はイタリアにも行き、他にトゥールーズ、ニース、マルセイユもぶらついた。彼はこの一連の出来事について非常に楽観的な見方をしている。「イタリアにある傑作の数々を巡るのに1日足らずしかなかったのは残念だったか？そうですね。でも計画通りに旅が進んでいたら決して経験できなかったこともありました」。

私たちが、都市計画家として名声をなした人が計画の価値を軽視している、と皮肉を言うと、彼は以下のように答えた。そこからライアン・グラベルという人物の脳内を垣間見ることができる。「私は自分を信頼して決断しています。直感的に自分がどこに向かっているのかがわかり、自分に対してとても正直で、ただ自分自身を信じて決断するのです。これまでのところそれでうまくいっています」。彼はシグナルに注意を払う。目指すべき北極星のような指標を定めるのはそのシグナルで、彼はそれに従う。また、そこに到達するためのすべてのステップの成り行きを正確に知る必要はないと認識している。彼がパリをはじめヨーロッパ各地で受け取ったシグナルが植え付けた種は、後にアトランタベルトラインとして実を結んだ。
1999年にアトランタに戻ったグラベルは、間もなくしてあることを悟った。彼はある日、仕事に行くため幹線道路を運転しながらふと思った。パリにいたころのように誰かと交流することがない、と。車で通勤すると「10万人とすれ違っていても、誰にも会っていませんでした。きわめてつまらないことです。通勤時間はパリでの通学時間と変わりませんでしたが、身体を動かしていませんでした。アトランタのインフラは、自分が望むような生活を送るには障害になっていると思いました」。彼は、子どものころに経験した生活とパリで享受した生活との間に根本的な違いを感じていたのだ。彼はこう語っている。

私は子どものころ、頭の中で過ごすことが多かったとお話ししました。空想の中で生きていたのです。パリで何があったかというと、現実の世界というのは実はとてもすばらしいものだと気づいたのだと思います。私の故郷では裏窓から見える木の上のリスを観察していました。そういうのも、とても美しく格好いいのですが、私は人間を見ていませんでした。皆が何をしているのかわからなかったのです。人間、そして人間が作り出す芸術や文化は、とても興味深いものです。私にとって、実際の都市に存在する多様性やあらゆる熱狂は、実に魅力的で美しいと感じられるものです。私はそのことをパリで学びました。人々が目にしているものは、要するに文明です。社会なのです。「都市計画家の表現」という観点では別の言葉に言い換えることもできますが、要するに本当に面白い生き方をしている人間を見ているのです。都市は何らかの方法でそのような生活を培い、人々が望むような生活を送る機会を提供してくれます。

そのときライアン自身は知る由もないが、アトランタを変える歯車を動かそうとしていた。

ライアンは大学卒業後、1年間建築の仕事に就いたのだが、自分が設計した建築、つまり自動車通勤者向けに建てられたオフィスビルが、問題の一端を担っていると考えるようになった。そこで彼は、都市計画の修士号を取得するためジョージア工科大学に戻ることを決意し、後に建築の修士号も取ることにして二重学位を取得した。当時はまだ自分の生き方に不満があり、その上、都市計画と設計の両方の要素を併せ持つ卒業制作を仕上げる必要もあったライアンは、あることを決意した。「自分が住みたいと思う場所を設計することにしたのです」。ライアンは語る。「まさか実際に設計することになるとは思っていませんでした」。

アトランタには、ライアンの論文において独自の文脈を生み出してくれるような地理的、歴史的、社会的な問題が混在した。そのような都市は世界でもほとんどないと言えるだろう。自動車時代の到来前、アトランタは物資と人の移動手段として鉄道を活用していた。そこで、ライアンの鉄道に対する生来の興味（チャンブリーで育ったころベッドに横になって通過する列車の音を聞いていた）が役に立つことになった。

しかし、アトランタを深く理解するためには、この都市が大きく成長した時代を振り返ってみる必要がある。当時は米国人の生活の中で自動車がスタンダードになりつつあった。その流れは1960年代から数十年にわたって続いている。アトランタの大部分は人間のためにではなく、まさに車のために設計されていた。アトランタベルトラインの遊歩道開発に関わるパス財団のエド・マクブレイヤーは「アトランタには何年も、歩道というインフラはありませんでした。1000軒の家を建てても歩道は1本も作らないというような地域開発すらあり得ることでした」と話す（注11−3）。アトランタは碁盤の目のようには整備されておらず、バラバラの地域の集合体だった。その結果、都市部に住んでいると周辺地域の人と交流する機会がほとんどなかった。ライアンが研究していた当時、ジョージア工科大学のあるアトランタ中心部の大半の地域は、産業活動が失われ、再開発もされておらず、その衰退の傷跡を残していた。

ライアンは、徒歩で、あるいは電車と徒歩を組み合わせて会社や日々の買い物、公園などに行けるような、より良いアトランタの姿を想像した。浮かんできたのは他者に会える場所、周辺地域の人との出会いを提供できる場所だった。ライアンは常にこの最終コンセプトに重きを置いてきた。彼は、鉄道をはじめとするアトランタの物理的なインフラが人種や階級の違いによって地域を分断していることに気づき、それらの障壁を見直すことでお互いを再び有機的につなげる方法を生み出せると考えた。

アトランタベルトラインの基本コンセプトは、100年以上前に建設された「ベルトライン」と呼ばれる4つの鉄道貨物線路跡を活用して、市内の45地区をループ状につなぎ、約22マイルの環状遊歩道を完成させるというものだ。実現すれば、遊歩道と交通機関、公園、アート、手ごろな価格の住宅、緑地、途中で立ち寄れる多くのショップやレストランなどを融合させつつ、各地域をつなぐことができる。アトランタがスプロール化（都市が急速に発展し、都心部から周辺へと無秩序に市街地開発が広がること）する中で、ほとんど忘れ去られていた空間にこうした施設などを整備し、市内の各地域や市民同士の分断を深めていた工業跡地を活用することをコンセプトとしてきたのだ。ライアンのビジョンにとっておそらく最も重要なのは、ベルトラインによって、これまでお互い出会うことのなかったアトランタの各地域の人々が同じ空間で交流できるようになったことだろう。

ライアンの構想は、完全に新しいものというわけではなかった。1960年代には、要塞のように大きな小売り大手シアーズの旧店舗のそばを通るものなど、ループ状の廃線の一部と接続する中心部への通勤電車路線の建設計画があった。一方、ループ全体を包括しているライアンのビジョンは、彼やその他の多くの人々が求めるような未来と合致していた。彼の論文には「大量輸送インフラの拡大は、インナーシティ（都心周辺の低所得者層の居住地域）の再生と自然生態系の保護の両方につながる」という考えに基づき、「路面電車の線路が並行し、45の停留所、密集した住宅、緑地と遊歩道」を備えた都市の姿が描かれている（注11－4）。

2001年、ライアンはアトランタ都市圏高速交通局（MARTA）、知事、市長など主要なステークホルダーになると思われる人たちに計画書や関連資料を送付した。その勢いは拡大し、彼らのビジョンを説明するためのパブリックミーティングが開かれた。その後ライアンは、市や民間企業、そして自身のコンサルティング業務など、数年にわたってさまざまな立場で行政や地域社会との関わりを持ち続けた。ベルトラインは2008年に正式に開通したものの、まだまだ未完成である。

ベルトラインは壮大なプロジェクトだ。現時点で米国最大の都市経済開発プロジェクトであることはほぼ間違いなく、ベルトラインは2005年から2019年にかけて約5億ドルの直接投資と50億ドル以上の民間投資を引き付けた。根本として、今日のベルトラインは本質的には鉄道の線路跡を利用した長大な歩道であり、プロムナード・プランテに似ている。プロムナード・プランテはベルトラインほど大規模ではないパリの遊歩道で、グラベルはここからもインスピレーションを得た。周辺地域には活気が戻り、民間の不動産投資も相次いでいる。ベルトラインがまとめたデータによると、隣接する地域の多くで総雇用数が45%からほぼ1000%増加した（2002〜2017年）。

遊歩道は、いまだ全体の構想の約半分しか整備されておらず、ライアンはさらに加速したいと考えている。また、ベルトラインの基本ビジョンに含まれる手ごろな価格の住宅の建設については、すべての関係者が優先事項として理解を深め、常に留意してほしいことだと思っている。資産価値の高騰は、常に地域の人々の間で懸念として挙げられている。それによって、ベルトラインに隣接する地域の元々の住民が締め出されてしまう恐れがあるからだ。実際このプロジェクトは住宅価格に大きな影響を与えており、ベルトライン周辺の一部の地区では、2013年から2018年にかけて1平方フィートあたりの価格が2倍になった（注11－5）。

ライアンが何年にもわたってこのプロジェクトに関わっているのは、進捗スピード、優先順位の変化、関係者の入れ替わりが早いことなどに対するフラストレーションが一因となっている。2016年には、同プロジェクトの資金調達部門であるアトランタベルトライン・パートナーシップの理事を辞任するまでに至った。しかし彼は、企画や運営に関してであれ、周りが及ぼす影響に対してであれ、中枢としてずっと関わり続けてきた。くだらない比喩に聞こえるかもしれないが、私たちはライアンのことを、何百人もの関係者の間で混乱が起こるのを回避し、集団全体を前進させるプロジェクトの牧羊犬のような存在だと思ってしまうのだ。専門家によると、牧羊犬は2つのシンプルなルールで動いているという。1つ目は、牧羊犬はまず羊を群れにする方法を学ぶということ、2つ目は、羊が密集しているときは必ず牧羊犬が羊を前に押し出すということだ（注11－6）。これらはまさに、ライアンが今日まで22年近くにわたって続けてきたことと重なる。

ベルトラインの独自性は、初期の段階から、このアイデアを知った人たちの幅広い支持を得たという点にも表れている。特に異色だといえるのは、本来なら対立するはずの各団体が、それぞれ声高にこのアイデアを支持したことだ。地域活動家は開発業者と、政治家はＮＰＯと合意し、このアイデアは幅広い層に支持された。つまりライアンは、勢いが形成され、それが続く限りにおいて、相当広い範囲に及ぶ人たちが「もし」から「いつ」に変化するべきだと思っていたことを〝想像〟したのだ。そのアイデアをすばらしくないと主張する人など誰もいない。

だからといって、簡単にことが進んだとは言えない。

まずライアンは、都市計画で学んだことの多くを切り捨てたからこそ、このアイデアを思い付いた。誤解のないように言っておくが、ライアンは学んだことを軽んじようとしているのではない。単に自分の仕事はデザインであり、プランニングではないと考えているのだ。彼は言う。

世界を救うという意志の元で都市計画に携わる人は多く、私もその1人だったと思います。しかし、都市計画に関わる職業というのは往々にして官僚的です。否定的な意味ではないのですが、官僚は人々が何をすべきか、あるいは何を目指すべきかについて考えるわけではありません。どのように進めるかを考えるだけです。そういう意味ではエンジニアリングに近いと言えるでしょう。都市について考える人の誰もが向上心を持って考えているわけではありません。都市計画は、人を動かし、物流の課題を解決するためだけの形ばかりの仕事になっています。デザイナーは、未来のあるべき姿をイメージします。自分がどんな人間で、どんな人間になりたいのかを理解しなければ、本当の意味での人生設計はできません。もしアトランタの人口が今後20年で2倍以上になるとしたら、我々は大きく変わることになるでしょう。問題は、我々が成長して別の場所になるのか、それとも考えうる最善のアトランタになるのかということです。

ライアンは自然とゴールを〝想像〟するようになった。彼は未来を〝想像〟し、既存のプロセスや手順に基づいて計画するのではなく、未来をデザインしたいと言った。未来を既存の現実から切り離し、単体で捉えたかったのだ。彼はまず人々のニーズに注目し、それから実現する方法を考えた。

しかしこれは、立派な予言者がいて、人々が何を成し遂げたいか初日からはっきり見えているような壮大な物語ではない。もっと自然なかたちで始まったものだ。ライアンは、大学院卒業後に就職した会社で、論文で書いたベルトラインのルート沿いのある地域でプロジェクトに取り組んでいたとき、同僚にベルトライン構想について話し始めた。「話せば話すほど彼らは興味を持ち、私は彼らの質問に答え続けました」と、ライアンは回想する。「このアイデアを皆に明らかにして共有するつもりはまったくなかったのですが、彼らはこのアイデアをとても気に入ってくれました。話をすればするほど聞きたいという人が増えました。だから何となく付き合わざるを得なかったのです」。

ほどなくしてライアンは、後に市議会第6区選出の議員となるキャシー・ウーラードに出会った。ウーラードがこのコンセプトの中で特に興味を持ったのは、交通機関に関する部分である。彼女は市議会議長に選出されたとき、自分の選挙区でこのアイデアに関するタウンホールミーティングを開催するよう働きかけた。ウーラードはアトランタベルトラ

インの重要な支持者となり、彼女のスタッフが、ライアンとその他数人いたボランティアを支援した。
数年がかりで週に何度も会議を開き、このアイデアを支持する世論のうねりが生まれた。そこで挙がった反対意見はプロジェクトのビジョンに対してではなく、誰のためのプロジェクトなのか、本当に実現するのかという点に関するものだった。このような大規模なプロジェクトを立ち上げるには、とにかく幅広い層の支持が必要だ。ライアンの役割は、プロジェクトが地域にとってどのような意味を持つのか、時には細部まで掘り下げながら質問に答えることだった。地域の人たちは、計画が自分たちの家にどのような影響を及ぼすのか知りた

いと思い、プロジェクトが始まればどのような生活が待っているのか具体的に思い描こうとしていた。

当時犯罪の温床となっていた鉄道沿線の放棄地の大半を活用したことも、このプロジェクトのデザインの特長と言える。周辺地域に立ち退きを強要することもなく、既存のインフラを取り壊すこともなかった。ライアンは「地域の端っこの工業地だったので、住民の脅威になることはありませんでした」と言っていた。ライアンは夜間や週末、休暇を利用して、進んで関心を持つ人たちとの面会を続けた。その間も、昼は住居ビルを設計し、夜は地域に赴き、教会や企業、地域住民などのグループや市議会など、話を聞きたがっているすべての人と関わっていた。

最終的には十分なほど多くの人の間でプロジェクトの認知が広まった。そして、さまざまな問題に関する活動家たちが、プロジェクトについて何かしらの問題を見出してくれた。「住宅、自転車、歩行者、交通機関、森林保護、公園、水などの活動家たちが、自分たちに関わる問題を見出してくれました。ジェントリフィケーション（都市の高級化現象）と関連が深く、流行に敏感な白人層だけでなく、誰もが協力してくれたのです」。２００３年、地域の交通関連予算の割り当てを担うアトランタ地域委員会の会合で大きな出来事があった。プロジェクトチームは幅広い協力者たちにこの会合に参加するよう呼びかけたのだ。

私たちは協力者たち宛てにメールを送りました。その会合に出向き、ベルトラインを予算リストに入れるよう主張してもらうためです。リストの一番上にというわけではなく、リストに入れてもらいたかっただけでした。その会合は、普段は主義主張の強い市民が1人か2人参加するような感じですが、このときは100人も集まり部屋からあふれるほどでした。私もこのアイデアの詳細を伝えるスポークスマン的な立場でその場に立ち会いました。

当初ライアンは、公式にパブリックコメントを出すことに緊張していた。しかし会議が始まる前、知らない女性2人がこのプロジェクトについて話しているのを聞いて、ほんの少し緊張が解けた。

私はこの2人の女性の後ろに立っていて、彼女たちが「私たちのプロジェクトはこの22マイルのループだ。私たちのプロジェクトで45の地域がつながる」などと話しているのが聞こえました。2人は私たちのプロジェクトとして話していたのです。そのとき私は、このアイデアを信じ、自分ゴトとして考える人々の力がこのアイデアの実現を推進するのだと認識しました。彼らはこのビジョンを遂行するために、自分たちの代表者に権限を与え、最終的にはその義務を負ってもらうことになります。人々は心からプロジェクトの実現を望んでいて、それを支持してくれる人に投票しようとしていたのです。もし誰かが選挙で選ばれた公人としてプロジェクトを支持しなかったとしても、反対を押し通すことはできなかったでしょう。

これがシグナルだった。グラベルは、彼らは「もし」から「いつ」への局面変化の最中にいると思った。幅広い支持と、プロジェクトを自分ゴトとして考える人々の意志が相まって、グラベルのスタンス、そして未来をProvokeするための手法は否応なしに変わった。

そのことを知ってか知らずか、ライアン、ウーラードをはじめ、多くのチームメンバーは、勢いを持続させるために「いつ」への転換を促すProvokeの機会をほとんど逃さず、素早く利用するようになった。時には〝推進〟型のやり方で、放棄地を公園や遊び場に変えるなどして小さな成果を積み重ねていった。一方で、法案の通過や予算の承認など、プロジェクトの遂行に付随するより複雑な目標を達成するためには、幅広い協力を得るしか術がないこともあった。ソーシャルメディアがなかった時代には、マスコミ向けに手紙を書いたり、議員に電話をかけたり、会議に出席して論点を説明したりするなど、協力者にいろいろな面で力になってもらった。ライアンにまつわる長いエピソードにおいて、彼を〝適応〟型のProvocateurの典型として描いてきたが、だからといってそれが彼の唯一の行動様式だったわけではない。彼はあらゆる型のProvokeを駆使しなければならなかった。

ベルトラインプロジェクトは、当然ながら軌道に乗る中でさまざまな成長痛を経験し、それは現在も続いている。時を経てリーダーたちが育つにつれ、ライアン自身は抜けたり入ったりしてきたが、このアイデアは十分な勢いを保ち、今も事業は活発に進められている。アトランタベルトラインという組織が掲げている目標は、ライアンがずっと抱いてきたものと変わらず壮大である。ライアンが当初〝想像〟したものがすべてその通りに実現しているわけではないかもしれないが、それなりに形になっていることは確かだ。

そしてライアンは、プロジェクトの牧羊犬、良心、構想家、あるいは単なるボランティアなどとして、立場は違えどあらゆる局面でプロジェクトに関わってきた。ふと私たちの頭に思い浮かんだのだが、彼はまるで映画『ゴッドファーザー』のマイケル・コルレオーネ症候群のようだ。つまり「抜けたと思ったら、また引き戻される」。ここ10年ほどは単独で仕事をすることが多いライアンだが、完全に「抜けた」わけではない。面白いことに、彼はある日の取材で、プロジェクトには関与していないとしながら「先日リーダーと電話で話したばかりだ」と言っていた。

ライアンは、自分がベルトラインの運営に大きな影響を及ぼすいくつかのアイデアを持っていると主張しつつ、他の人たちが元々のビジョンに沿って建設を進めるのが都市開発というものだと認識している。そこに〝適応〟型のProvocateurとしてのライアンの強みがある。プロジェクトにおいて他の人たちが彼の役割ではなくアイデアの力を評価できるように、自分は影を潜める能力を持っているのだ。その結果、アトランタ市民はベルトラインのアイデアを自分ゴトと捉え、それに基づき建設を進め、ベルトラインは時間とともに姿を変えている。そしてこれからも変貌し続けていくだろう。

ベルトラインの魅力、そしてベルトラインが理想と実現可能性の狭間にある障壁を自然と乗り越えることができた理由は1つではない。「これは地域活性化プロジェクトなのです」とライアンは指摘する。「経済開発プロジェクトであり、交通機関プロジェクトであり、遊歩道プロジェクトであり、緑道プロジェクトであり、公衆衛生プロジェクトであり、パブリックアートプロジェクトであり、公園プロジェクトであり、水質プロジェクトです。これは未開発のままの遊休地の再生プロジェクトなのです。あらゆる分野に絡んでいるので、どの分野に興味を持っている人でも、どこかに自分と関わりを見出すことができます」。

ベルトラインが及ぼした影響を理解するには、アトランタの住民の話を聞くのが一番だ。

彼らは「天の恵み」や「すばらしい」といった言葉を使い、人々が外に出て、以前は決して徒歩で訪れることはなかった場所にも歩いて行くようになったと話す。ライアンが25年前にパリで体験した都市における生き方を、アトランタの人たちも楽しめるようになった。今までになかった方法で、社会の境界を越えて人と人がつながったのだ。

ライアンのエピソードの中で、私たちが気に入っているものがいくつかある。それらはベルトラインでのオーガニックな暮らしに関するものだ。仕事を終えたライアンが歩いて帰宅していたところ、思いがけず自転車に乗った学校帰りの娘とすれ違ったという話もその1つだ。何の変哲もない話と思えるかもしれないが、ベルトラインがなければ、文字通りこの光景はあり得なかったということに気づけば見方が変わるだろう。ベルトラインがなければ、ライアンは通勤途中、車に乗ったまま名前も顔も知らない何千人もの人々とすれ違い、自転車に乗った娘とすれ違うという幸せな偶然を逃していたと思われる。ベルトラインプロジェクトがさらに進むにつれ、大小さまざまなイノベーションが花開いていくだろう。その裏では、ライアンのProvokeによって生まれたプラットフォーム上で多くの人が活動を続け、プロジェクトを推進している。ライアンはこれからもその場にいて皆と一緒に進展を体感しながら、静かに彼らの成功を喜ぶのだろう。

ランタンパレードのアイデアを提案したのは地元のアーティストです。彼女は、手作りのランタンを持ち寄って暗くなってから遊歩道を歩くイベントだと言っていました。初年度の参加者は約200人で、翌年は400人、それから800人、1200人、1万2000人と増え、今や毎年8万人以上が手作りランタンを作ってこの行事に参加しています。これがとんでもなく美しいのです。これもすべて、簡単なコンクリート舗装から始まったのです。そう思うと、本当に胸が熱くなります。

第12章 ヴァレリー・アイリック・レインフォード

スティーブが初めてヴァレリー・レインフォードの話を聞く機会を得たのは2020年2月、黒人人材の支援に関する講演でのことだった。彼女は率直で妥協がなかったが、説教めいてはいなかった。温厚で純粋な人柄が感じられたものの、自分の考え方に関することとなると彼女はひるむことがなかった。長年組織の変革を推進してきたヴァレリーは、そこで出会った人々に対する見解を共有してくれた。彼女は人々を信号のように赤、黄、緑に分類する単純な枠組みを構築していた。ヴァレリーがその枠組みを紹介したとき、スティーブはすぐに自分が緑のカテゴリーに入ると思った。彼は常々、自分は多様性の提唱者だと考えていた。自分のチームの半数が女性だということを度々アピールしていたし、長年にわたり女性メンターたちの成功を支えてきたことを誇りにしていた。

ヴァレリーはまず赤に関する説明から始めた。スティーブが考えていた通り、赤は組織内の進展を直接的に妨害する人という区分だった。それから彼女は緑について説明した。緑もまたスティーブの予想通り、黒人の同僚のために積極的に行動する人という区分だった（注12－1）。しかし考えていたものとは少し違った。データを元に自分の行動が何らかの影響を与えたという証拠が示されていなければ、緑には入れないのだ。黒人の同僚たちが重要視している何かについて、実際にそれが増大したことを示せるだろうか。それができなければ黄色に分類される。黄色は、意図的に邪魔はしていないが、行動によって明確な影響を及ぼしていない大多数の中の1人という区分だ。

スティーブはこの5年間直轄してきた組織について考えてみたが、自分を緑に分類できるようなデータを示すことはできなかった。これは重要な瞬間だった。ヴァレリーは、スティーブの心のゴールポストをいともたやすく意味のあるかたちで動かしたのだ。

ヴァレリーはそのキャリアを通じて、どこにいてもこうした影響を与えてきた。彼女にとってProvokeはもはや習慣のようなものだ。彼女は在籍した組織に、そしてさらに重要なことだが一緒に働いた人たちに影響を与えてきた。彼女はフォーダム大学卒業後、ニューヨーク連邦準備銀行で銀行検査官として自身のキャリアをスタートさせた。女性に期待するのはコーヒーを入れてくれることだという男性ばかりのチームで、初めて採用された女性の内の1人だった。そして最終的には黒人女性として初めて企業不動産（CR

E）を担当するシニアバイスプレジデントになった。それからヴァレリーはＪＰモルガン・チェースに転職し首尾よく数々の上級職を経験した後、会社の全階級で黒人の登用を推進する取り組みを率いた。その後、安定した収入をなげうって独立した彼女はコンサルティング会社エロリー・タレント・ストラテジーズを設立し、すぐにクライアントを獲得した。現在は16人の最高責任者（ＣＥＯ）を顧客とし（ちなみにほとんどが白人男性である）、開業1年で収入は実質2倍になった。このような成功を収めたのは、ジョージ・フロイド氏殺害により黒人の登用戦略に関するエグゼクティブたちの要求が大幅に高まる前のことである。

ヴァレリーは、そのキャリアを通じて

フィクサーとして名を馳せた。火事場と言われるような所に送り込まれ事態を収拾する人という評判を得ていたのだ。21年間勤め、さまざまな職務を経験した連邦準備銀行でその評判は確固たるものになった。ＪＰモルガン・チェースはこの評判に目を付けた。同社はヴァレリーを採用し、彼女のために全社的なプロジェクトに携わる職務を新たに用意した。

本書の最後の数章で紹介するProvocateurについて、まず候補をリストアップしたとき、私たちはヴァレリーの個人的な経歴を知らなかった。彼女はデロイトと仕事をしていたので引き合わせてもらった（包み隠さず言えば、デロイトはヴァレリーのクライアントの１つで、当社は組織内の多様な人材の登用に取り組んでいる）。私たちは彼女の職務上の功績に感銘を受け、ＪＰモルガン・チェースや連邦準備銀行などで彼女がどのように変化をもたらしたのかもっと知りたいと思った。Zoomで初めて顔を合わせ、彼女が若かりしころに乗り越えたことを知るにつれ、私たちは共に圧倒され畏敬の念を抱いた。

ヴァレリーは不利な状況に立たされていた、という一言で片付けるのはあまりに不十分だと思う。彼女の職務上の功績と私生活で対処してきたことを合わせて考えると、彼女が成し遂げたことは奇跡としか言いようがないかもしれない。ヴァレリーのキャリアを正しく理解するためには、彼女の個人的な生い立ちについて知っておく必要がある。とは言いつつ、本書で紹介する彼女のエピソードは比較的短く無味乾燥なものになってしまい、私たち2人はきまりの悪さを感じている。本来もっと時間をかけ、感情移入するに値するエピソードである。ヴァレリーの人生を決定付けた重要な瞬間については、彼女の短い自伝『輝かしい明日が来るまで：不屈の精神で公営住宅から演壇に上り詰めたある女性の物語（Until the Brighter Tomorrow: One Woman's Courageous Climb from the projects to the Podium)』に書かれているので、ぜひそちらを読んでいただきたい。

ヴァレリーの生い立ちは苦難と苦痛の連続だったが、同時に家族の強い愛と献身に満ちていた。ヴァレリーの曽祖父母は奴隷で、祖父母は小作人だった。1930年代、彼女の母親と父親はサウスカロライナ州の近所の農場で育った。父母は小学校を卒業したが、祖母は教育を受けたことはなかった。ヴァレリーの母親は6人きょうだいだった。母親が3歳のとき、ヴァレリーの祖父は事故で亡くなった。道路に飛び出したとされたが、不審な状況だったため家族の中には憎悪犯罪かもしれないと疑う者もいた。その疑いは解明されず、祖父をひいた犯人も裁かれることはなかった。その死から3日後、ヴァレリーの母の家族が仕えていた地主農家は、実質的に一家を追い出した。ヴァレリーはこう話した。

この死によって、今日に至る私たち家族が進む道が決まりました。祖父は死に、祖母は小さな子どもを何人も抱えているという状況で、地主農家は納屋に鍵をかけ祖母が小作を続けられないようにしました。祖母は別の仕事を見つけるため子どもたちをそれぞれ別の親族に預けました。ある時期祖母は、ルーズベルトのニューディール政策の一環で清掃代行や植樹の仕事をして政府の手当を受給していました。今でも私はサウスカロライナの道を車で走りながら、祖母が植えた木はどれだろうと考えることがあります。

子どもたちは何とか食べていかねばならず、別々の親族に預けられた。

ヴァレリーの一番年上の叔父にあたるジュニアは、母親を助けようと自らも重荷を背負い、家族を食べさせるために何度もニワトリを盗んだ（彼は当時16歳だった）。ヴァレリーの母親は別の親族に預けられたきょうだいたちと離れ離れになり、綿花収穫の仕事を嫌々しながら何とかそこから抜け出す方法はないかと考えていた。そして18歳のとき、ヴァレリーの父親となる男性と結婚した。やがて2人はサウスカロライナ州のコロンビアに移り住み、そこで苦労を強いられることになる。「母は綿花を摘むのにうんざりしていたのです」とヴァレリーは言う。「初めて付き合った人に『何しようか』と聞かれると、いつも『結婚する』と答えていた、という冗談をよく言っていました」。

ヴァレリーの母親は2つの仕事を掛け持ちし、清掃代行の仕事もした。父親はトラックの運転手になり、長兄のジェイが１９４７年、真ん中の兄のアンソニー（アンキー）が

1953年に生まれた。ヴァレリーが生まれたのは1964年で、その後まもなくしてジェイはベトナムに派兵された。数年後、彼女が3歳のときに両親は離婚した。1960年代に多くの黒人たちがそうしたように、両親はより良い機会を求めて北部に移住することにした。母はニューヨークに、父はコネティカットに兄弟がいたため、それぞれその近くに引っ越した。両親ともフルタイムで働かなければならず、兄はベトナムから帰国したばかりで、真ん中の兄も家庭を持ち新たな生活を始めたばかりだったので、ヴァレリーはサウスカロライナに残りリバーズ家に預けられた。この状況は彼女の祖母が強いられたものとあまりによく似ている。リバーズ家には4人姉妹がおり、ヴァレリーは「5人目の娘」として迎え入れられた。

ヴァレリーは、仕事を掛け持ちして娘を育てようと努力する母親によく会いに行き、一時期はニューヨークで暮した。母親は結局、モーゼスという暴力的な男と再婚した。ヴァレリーが訪れていたある晩、モーゼスは酔っぱらってヴァレリーの母親の頭をビール瓶で殴った。幸い当時小学1年生だったヴァレリーが叔父に電話を掛け、仲裁に入ってもらった。そうでなければ母親は死んでいただろうと彼女は思っている。その後すぐにヴァレリーはサウスカロライナのリバーズ家に引き戻され、小学2年生を修了した。

それから数年、ヴァレリーはサウスカロライナとニューヨークを何度も行き来した。母親は、あらゆる節目で少しずつでも自分たちの状況を改善しようと必死だった。ヴァレリーは振り返る。「そのころ私たちは毎年引っ越していました。5年生のときに住んでいたところを覚えています。沼地に面していて、文字通り猫のような大きさのネズミが住み着いていました。母はいつも、より良いものを見つけようとしていただけなのです。ある家には暖房がないけど、ネズミがいるこの家よりましという感じです。別の家では、母は貸主から性的嫌がらせを受けました。だから私は毎年違う学校に通うことになったのです」。

ヴァレリーにとって母親はProvocateurたるものはどういうものかを示す最初のロールモデルだった。ヴァレリーの母親は決して目の前に敷かれたレールを受け入れず、たとえ使える手が限られていても与えられた境遇に甘んじないこと、粘り強さを持つことの大切さを教えてくれた。自分が何かしなければ、自分のために何かしてくれる人はいないのだ。

ヴァレリーは、母親が教えてくれたことを振り返りながらこう話す。「多くの人は『自分は哀れだ』と嘆いてばかりいるような気がします。一方、母がやろうとしていたことに目を向けてみると、母はただ、常に状況をより良くしようとしていたのだということがわかります。それは私が今、物事を考える際に重視していることです。私は物事に納得していないとき、絶対にそこで妥協したりしません。常に今あるものよりさらに良いものを模索しようとしています。それを母から学びました。小卒で3つの仕事を掛け持ちした母が習得したすべてのことから学びました。これは母が教えてくれたことなのです」。

母にならって、ヴァレリーも与えられた状況に甘んじることはなかった。高校進学が近付いたころの話である。彼女は学区の振り分け上、生徒たちから「地域の麻薬販売所」として知られる高校に通うことになっていた。その学校に通う大半の生徒たちのようにはなりたくないと考えた彼女は、他に通えそうな高校はないかと調べた。その中にはカトリック系の高校もいくつかあった。彼女はカトリック教徒ではないが躊躇など微塵もなかった。彼女はこう話す。「いろいろな学校の生徒たちを見て、彼らの環境は私が置かれた環境とはかなり違っているように思えました」。そのころヴァレリーは、生活費を工面する母親を支えるためスーパーでレジ打ちの仕事をしていた。より良い学校に通うと心に決めたヴァレリーは、月250ドルの学費の一部を負担すると申し出て、ブロンクスにあるセント・キャサリンズ・アカデミーに入学した。

ヴァレリーにセント・キャサリンズを知ったきっかけを聞いてみると、彼女はこう答えた。「電話帳です。高校が載っているページを見ていました。私は、よもや親友が妊娠してしまったなどという状況に陥りたくなくて、とにかく必死でした。『地域の麻薬販売所』には通いたくなかったのです。1度だけ、タバコを吸っているところを母に見つかったことがあります。1度だけですよ！　そのとき母は、執拗に私を責め立てました。そういう状況が頻繁に起きると予想される学校には行けませんでした。母を失望させるわけにはいかなかったのです」。

高校在学中、ヴァレリーは学費を稼ぐためにスーパーで働き続けた。家計の収支を考えれば当然、「当時はその稼ぎを足しにするしかありませんでした」。彼女はスーパーマーケットで一番手早いレジ係として知られるようになり、客は彼女が担当するレジを好んで利用した。彼女は夜間の経理係を任されるまでになった。母親は夜遅くに彼女を迎えに来て家に送り届けた後、泊まりの仕事に向かっていた。そんなヴァレリーの能力に気づいたスーパーの客の1人が、近くの銀行で働かないかと提案してきた。パリでのライアンのように、ヴァレリーはその銀行で他人を観察し、貴重な人生の教訓を学び、後にJPモルガン・チェースからエロリー・タレントの設立という転身を果たす下地を作った。そして彼女は貯蓄の威力を知った。彼女はこう話す。

スーパーのレジで、いつも同じ服を着ている人や複数のキャットフードのクーポンを使う人などを見ていました。よく母と一緒に、キャットフードを食べているのかと不思議がったものです。ですが、銀行で働いてみてわかりました。その人たちが通帳を持って銀行に来ると、口座には6桁の貯金がありました。そのときの私はこんな感じです。「ちょっと待って、あの人たちはキャットフードを食べているんじゃなくて貯金しているだけなんだ」。

ヴァレリーは人生を通して、常に他人を観察するという Provocateur の重要な手段を使っていた。彼女は自分の観察力が優れているのは、常に変化に直面していたこと、そして何かうまくいかないかもしれないことはないかとか、どうすればもう少し良くなるかを常に考える必要があったことに起因すると考えている。ヴァレリーはこう話した。

昔はよく祖母の家に遊びに行き、いろいろな話を聞かせてもらいました。車で街に出て線路を渡ると、そこにいるのはほとんど白人で、線路の反対側にいるのはほとんど黒人でした。子どものころ目にしていたのはそういう風景です。私は、なぜあちら側の方がこちら側より何でも整っているのか、なぜ自分はあちら側では何もできないのか、常に理解しようとしていました。そんな風に私の頭の中は混乱していたのです。どうしてあちら側でしていることが私にはできないのか。その疑問は好奇心から出てきたもので、好戦的な気持ちはありませんでした。つまり、この子たちが16歳で自家用車を運転し私がバスで移動するとしたらどんな風に人生が変わるだろうと考えていたのです。

ヴァレリーは、他の学校には望まない状況につながる落とし穴があると考え、そこにはまるのを避けるためにセント・キャサリンズ・アカデミーに通っていた。2年生になり、仕事を終えて夜中に宿題をしていたときのことだ。身の上に困難な出来事が続いていた彼女の真ん中の兄、アンキーが自殺した。ヴァレリーはこう話した。「つまり、何の予告も警告もなく私たち家族を揺るがしたということです。彼は一度も良い仕事に就けず、何かをやり遂げることもできませんでした。彼にとってそれはとても辛いことでした。そして母はすっかり変わってしまいました。状況をより良くしようと働き続け、努力し続けるというところは変わりませんでしたが、いつも泣いてばかりでした」。

アンキーの自殺を受け、ヴァレリーは大学進学の計画を変更した。彼女はサウスカロライナに戻りたかったが母親はまだ彼女と離れる心構えができていないと考えた。彼女は銀行での仕事を続けながら学校に通い、母親のそばにもいられるようにとフォーダム大学に進学することにした。1年生のとき、大学の体育館でバスケットボールの試合を見ていたヴァレリーはトニーと出会った。2人は恋に落ち、翌年の8月、彼女が2年生になる前に結婚した。

結婚式の1カ月後、ヴァレリーの母親は自ら命を絶った。ヴァレリーはこう語った。「打ちのめされました。自分の過ちだと思いました。1カ月前にトニーと結婚して、母を1人にしてしまったのです。だから全部彼のせいにしました。自分のせいにもしました。皆のせいにしました。こんな奴と恋に落ちるなんて私は何を考えているんだと思っていました」。

ヴァレリーは、トニーと過ごすためにフォーダム大学を休学することにした。彼は彼女を支えてくれた。また、夫を亡くして子どもたちとは離れて暮らし、生涯家族を築くのに苦労し、さらに娘を自殺で失った母方の祖母と過ごす時間も増えた。「バスに乗って会いに行くだけでしたけどね」とヴァレリーは言った。「私は祖母が泣くのを見たことがありませんでした。彼女はいろいろなことを経験してきたのに、泣くのを見たことがなかったのです。祖母は私に『ヴァレリー、あなたのお母さんは忘れちゃったんだろうね。私があの子に教えようとしたこと全部、たとえば神はその人が耐えられる以上の困難を与えないということを、あの子は忘れちゃったんだよ。あきらめずに踏ん張るということを忘れちゃったんだ』と言いました」。

そのとき祖母に会った後、ヴァレリーはフォーダム大学に復学した。彼女はこう話す。「それ以来使命感に燃えています。母が『あなたならできる、あなたならできる』と言い、祖母が『忘れないで』と言うのが今も聞こえるのです」。

再入学したとき、ヴァレリーはフォーダム大学の課程をできるだけ早く修了し、予定通りに卒業したいと考えていた。彼女はカウンセラーと相談し、医学部進学課程から経済学部への転部が最善の道であると判断した。彼女はある経済学の授業で初めて米国の中央銀行に当たる連邦準備理事会（ＦＲＢ）のことを知った。その後、ＦＲＢの役人が大学に来ることを知った彼女は、レネー・レイガンの面接を受けようと申し込んだ。レネーとは今も付き合いがある。そのころヴァレリーはまだ銀行で働いていた。職場から面接に急ごうと外に出ると、激しい雨が降っていた。ニューヨークで土砂降りの雨の中、ある場所から他の場所に移動しようとしたことがある人なら、ヴァレリーがどんな姿でどんな気持ちで面接に向かっていたかわかるだろう。彼女の言葉を借りれば「もうめちゃくちゃ」だった。

ヴァレリーが面接前に落ち着くためにトイレに入ると、見知らぬ人が親身になって心配し、目に見えて動揺している彼女を安心させようとしてくれた。その人はヴァレリーに「お嬢さん、きっと大丈夫よ」と声をかけた。

後でわかったことだが、見知らぬその人こそがレネー・レイガンだった。

ヴァレリーは自分を取り戻しただけでなく、面接もうまく乗り切った。後にレネーはこう言った。「きっと大丈夫って言ったでしょ」。

ヴァレリーは卒業後のキャリアについてオープンマーケットオペレーションを第一志望としていたが、フォーダム大学から直接採用するポジションではなかったため銀行検査からキャリアをスタートさせた。インタビューでヴァレリーは「ＦＲＢではオープンマーケットオペレーションの割引窓口部門を率いるまでになりました」と、屈託なく笑いながら強調した。

こうしてヴァレリーは専門職に就いたが、依然人生は厳しいものだった。彼女はフォーダム大学卒のもう1人の女性、パトリシアと同じグループに配属された。女性がそのグループに配属されたのは初めてのことで、ヴァレリーはそのグループに配属された初の黒人でもあった。他のメンバーは全員白人男性で、チームはパトリシアとヴァレリーを必要としていないと明言した。2人はマンハッタンのダウンタウンから大きなスーツケースほどの量のファイルを運んだり、コーヒーを出したりするなど屈辱的な仕事も要求され、その上性的嫌がらせも受けた。パトリシアが4日で辞めてしまったのも無理はない。しかしヴァレリーには仕事が必要で、辞めるわけにはいかなかった。彼女は祖母や母の忠告を忘れるつもりはなかった。

入社して数週間経ったある日、ヴァレリーは先輩社員の1人に会社から間違った書類を持ってきたことを責められた。途方に暮れたヴァレリーは、その社員に「そんな書類、自分で取ってくれれば」と言い放ち、その部屋を立ち去った。

ヴァレリーが声を上げてからというもの、彼女に対する扱いは変わってきた。特にある同僚は、会議中にヴァレリーに意見を求めるようになり、さりげないサポートを示してくれた。ヴァレリーは入社後1年半で審査官長に任命された。彼女はこう話す。「私の最大の支援者の中には、あの部屋にいた人たちもいます。その人たちは私の父親くらいの年齢で、最初は彼らから非常に失礼な扱いを受けていました」。

ヴァレリーは早くから将来性のある従業員を対象とした管理職研修・育成の昼食会に招かれた。彼女はその会をＦＲＢで異例のキャリアをスタートさせる足がかりとした。そこで上級のリーダーたちと顔を合わせ、たくさんの質問を投げかけた。彼女の好奇心は周囲の人の目に留まり、彼女はキャリアを加速させ、21年間で14の職務を経験した。彼女は問題解決請負人、フィクサー、「どうにかしろ」という指示を受け混乱のさなかに送り込まれる人などという評判を高めていった。「会計業務における会計項目の未処理案件を処理したり、（電気工学の経験は皆無にもかかわらず）企業不動産部門の責任者として、築75年の歴史的価値のある建物とその当初からある発電機の改修を行ったり、２０００年問題の対応計画の策定を主導したり（ヴァレリーは「我々は準備ができていた」と断言しており、危機は決して訪れないことが予想された）、証券譲渡書や信託証書など、さまざまな分野の非効率な手作業のプロセスを自動化したりして（ヴァレリーは「本当に配達業者がＦＲＢに来て信託証書を受け取り、配達していたのです」と話す）、与えられた難題を巧みにこなし、出世の道を突き進んでいった。

ヴァレリーは、そのすべての職務において組織をProvokeした。彼女はデータを活用して〝想像〟し、課題とそのより良い解決方法を浮き彫りにした。ヴァレリーは、黒人女性は権力を持って動くだけではいけないと（彼女は責任者の立場で物事を成し遂げてきた）明示的にも本能的にも理解しており、彼女ならではと言えるアプローチを生み出した。データを集めて問題を明確化し、より良い方法をイメージし、表面化した障害は必ず乗り越えられると考えるようにしたのだ。何と言ってもヴァレリーは格別つらいことに対処しながら育ってきた。キャリアにおいて直面するどんな困難もそれに比べれば大したことはなかった。ヴァレリーはFRBでのキャリアを通して、その冷静かつ集中した態度でもって問題に取り組んだ。

ヴァレリーはまた、〝起動〟するというProvokeの手段も使った。特に、変革を推進したいと考える提唱者的存在の白人男性の支持を得てそれに便乗するのがうまかった。FRBではティム・ガイトナーが、JPモルガン・チェースではジェイミー・ダイモンがそうした提唱者だった。そして今、彼女は16人のCEOに対し多様な人材を登用する方法について助言している。

FRB内の多様性の問題に取り組むために、いち早くヴァレリーの協力を求めたエグゼクティブがガイトナーだった。ヴァレリーはこれまでの職務でやってきたようにデータを通じて明確に、そして感情的にならないように課題を明示して問題に取り組んだ。ガイトナーの支援を受けながら、彼女は首尾よく多様性プログラムに関する意見を主張し、FRBで初となる最高多様性責任者の役職を新設したほか、いくつかの女性グループも立ち上げた。ヴァレリーは、これがFRBにおける最大の功績だったと考えている。

しかしガイトナーは、彼女は多様性の責任者としてよりも黒人の上級ビジネスリーダーとしてより大きな影響を与えることができると示唆し、彼女を最高多様性責任者にすることに反対した。最初は気落ちしたヴァレリーだが、後にこれを贈り物だと考えるようになった。彼女はビジネスリーダーの立場でよりうまく多様性を推進したし、現在もそのスタンスを基本としている。またヴァレリーは、FRBでの取り組みを通じて、多様性の領域で変化の事例を作り出す際のデータの重要性を理解した。

ヴァレリーはProvokeを促す際に、データ＋協力的なリーダー＋チェンジエージェント（変革の触媒役）という公式を頼りにした。米国企業における黒人人材の登用という長年にわたって頻繁に議論されながらも十分な対策がとられていないテーマに関しては、とりわけよくこの公式を使った。ヴァレリーは、なぜ協力的なリーダーのそばに行動を起こす自由を与えられたチェンジエージェントが必要なのかという理由を明らかにした。「企業文化の基準を変えようとするCEOが必要です。たとえCEOにその勇気があっても、企業内の変化を推進するための時間や特定のスキルと知識を持ち合わせていないかもしれません。そして、チェンジエージェントはというと、ビジネスの知識と専門的知見を有したビジネスリーダーでなければなりません。ここにほとんどの多様性の責任者が失敗する要因があります。チェンジエージェントにふさわしい立場にない人たちが多様性の責任者になっているのです」。

2007年、ヴァレリーは火消し役としての評判に目を付けたJPモルガン・チェースに採用され、最高管理責任者（CAO）をトップとする組織で働くことになった。CAOのオフィスは組織全体を統合的に管轄しており、ヴァレリーにさまざまなプロジェクトを担当させてから彼女に最も適した職務を判断するという意図があったからだ。数日後、ヴァレリーはこの転職が正しかったのか悩んでいた。雰囲気がしっくりこなかったのだ。辞めてFRBに戻ろうかとも考えた。しかし、夫のトニーは「君は人生において途中で辞めたことなんかない」と言った。ヴァレリーはその言葉に鼓舞されて、本来の自分らしさをもって仕事に臨むと決意した。彼女は、文字通りその日関わった人たち全員に「おはようございます」と声をかけることにした。接客カウンターの警備員、彼女の朝食を投げつけるように渡すぶっきらぼうなカフェテリアの店員など、声が届く範囲の全員にあいさつした。それは彼女の助けになった。

その後数年間、ヴァレリーはＪＰモルガン・チェースが金融危機の際に直面した大きな問題をいくつか担当し、次々と火消しに回った。取り組んでいた課題の中で、ある事業のスタッフを増員する必要性を認識したヴァレリーは、その一環として初めて自分の多様性戦略を示した。こうして多様性に関する取り組みを特に強化したことで、同社の女性、マイノリティ、退役軍人の採用は30％増加した。

ＪＰモルガン・チェースで仕事を続ける中で、主なヴァレリーの支持者が次々と会社を去り、上級リーダーから重要な問題に対峙するタスクを与えられることでキャリアを積んできたヴァレリーは、社内の本流から外れていった。ヴァレリーは、何かを見つけるか、この会社を去るかどちらか決めるべき時期が来たと考えた。そこで彼女は、例の「おはよう」ツアーを効率的に再現した。今度は社内の上級エグゼクティブの人たちにあいさつするようにしたのだ。彼女は42人のエグゼクティブとの対話の機会を得たが、依然、ＪＰモルガン・チェースで次に何をするべきか模索していた。そんなときフォーダム大学の卒業生が、ジェイミー・ダイモンのチームの主要メンバーで、彼女が最初に配属されたチームのＣＡＯと同じような役割を担っている人物に会ってみればと勧めてくれた。このリーダーは、何どきであれヴァレリーが休眠状態だったことにまずショックを受け、彼女が火消し役に復帰できるように取り計らった。

２０１６年、ヴァレリーは、ジェイミー・ダイモンがもっと良いやり方で社内の黒人人材の採用、定着、昇進に取り組もうと決意していることを知った。初めは懐疑的だったヴァレリーだが、ダイモンが本社ロビーで開催したタウンホールミーティングに参加してそう確信した。彼の発言はヴァレリーを驚かせた。

２０１６年、彼は着座して、黒人人材の登用をめぐる組織の現状に満足していない理由について1時間以上かけて語りました。彼は、あらゆる他のビジネスを運営する中で学んだことは誰かが責任を持たなければならないということだと話してくれました。彼は黒人人材を登用するためのこの取り組みを「黒人層に関するイニシアティブ（Black segment initiative)」と呼び、その立ち上げについて1時間以上かけて論じました。具体的な内容はまだわかりませんでしたが、20万人以上がそれを見て、魔法にかけられたようでした。私は、ロビーに座って1時間以上も黒人の話をして、そのあと1時間かけてライブ質問に答えるような人がいるのかと思いました。

ヴァレリーはダイモンが関心を持っているなら喜んで協力すると言った。案の定その日の午後、彼女の電話が鳴り、「黒人層に関するイニシアティブ」を推進する責任者としてこの取り組みに加わるよう依頼された。上級リーダーたちとの対話を重ねた後、彼女はダイモンに会い、話はまとまった。しかしヴァレリーは「些細な」点だがその名称が気になっていて、「限定的な感じがします。イニシアティブ(取り組み)というのは始まったり止まったりするものです。『黒人リーダーの登用(advancing Black leaders)』とすると、とても良いと思うのですが」と提案した。ジェイミーはヴァレリーを見て「君が何と呼ぼうとどうでもいい。とにかく、どうにかしてくれ」と言った。

ヴァレリーは、30日以内に計画をまとめてダイモンに説明するよう命じられたが、20日でまとめ上げた。彼女は自分の作戦ノートを取り出してデータを組み立てた。そしてＪＰモルガンと関わったことのある社外の黒人エグゼクティブ１００人以上の名簿を作り、同社が今すぐにでも採用すべき人物を推薦した。

そのデータとリストによって、ヴァレリーは、黒人人材は見つからないという神話を打ち破った。それを知ったダイモンは、すぐにヴァレリーを連れて運営委員会に同席させ、予定外の議論を行った。ヴァレリーは準備万端だった。運営委員会の人数と同じ数の資料を既に準備していたのは偶然だった。同社はその後90日間で、このリストから5人の黒人を上級エグゼクティブとして採用した。ヴァレリーには自由に使える予算が与えられ、さらに採用を進めるよう求められた。

ヴァレリーは言う。「私はメッセンジャーであり、リーダーであり、オーナーであり、情報の発信者でした。よくリーダー層のミーティングに招かれ、彼らと次に何をすべきかを話し合ったものです。私はいつも彼らのデータを分析することから始めました」。

ヴァレリーのリーダーシップの下、ＪＰモルガン・チェースは目覚ましい進展を遂げた。同社は毎年、株主に対して多様性に関する進捗状況を報告していた。以後多くの企業がこの進歩的な取り組みに追随し、同様の報告を行うようになっている。プログラム開始から3年目の２０１９年、ＪＰモルガン・チェースは株主向けの文書で「２０１６年以降、当社は黒人ＭＤ（マネジングディレクター）を41％、黒人ＥＤ（エグゼクティブディレクター）を53％増員しました」と報告した。また、ヴァレリーの活動は、持ち家を保有すること、富の創造、金融リテラシーに焦点を当てた黒人人材向けの関連戦略「黒人が歩む道筋の改善（Advancing Black Pathways）」の策定にもつながった。ヴァレリーの成功をさらに後押ししたのは自尊心だった。ヴァレリーは語った。「会社全体が活気づいていました。どんどん人が入ってきて、どんどん昇進していく。誰かが昇格するたびに黒人コミュニティ全体に向けて発表しました。ジェイミーと最初に話したとき、黒人コミュニティを1つにしてくれと頼まれたのですが、それを聞いて悪い気はしませんでした」。

またＪＰモルガン・チェースは、クライアントが同じようなステップを踏めるように、ヴァレリーに彼らと話して学びを共有してほしいと頼んだ。そこにヴァレリーの次の動きの種があった。彼女は「観察」という Provocateur の手段を駆使して、ＪＰモルガン・チェースの成功を再現しようとするエグゼクティブたちの潜在的な関心を察知した。彼らはただ、何をすべきかわからなかったのだ。クライアント企業のＣＥＯたちからは「ヴァレリーをうちに出向させてくれ」という要望が何件もあった。ここでヴァレリーは私たちに念を押した。「そのＣＥＯたちは全員白人でしたよ」。

これをきっかけにヴァレリーは、ＦＲＢやＪＰモルガンに及ぼした影響の枠を超えて、さらに自分の周りの世界を変えられるとしたらどうすれば良いか考えるようになった。クライアント企業のＣＥＯたちと話す中で、ヴァレリーは、データとチェンジエージェントとしての自分の両方を活かして、組織がより生産的に多様な人材を登用するための潜在エネルギーを Provoke できると確信した。ヴァレリーは最も厳しい状況を乗り越え、快適な職務に就き、この先何十年も実りの多い仕事があると約束されていたにもかかわらず、すべてを危険にさらして企業を支援する組織を立ち上げることを決意した。彼女はここが介入すべき余地であり、そうすべき場所であり、「もし」から「いつ」に変わったと考えたのだ。

彼女は自身の論理を振り返りながらこう言った。「こうした変革を望むＣＥＯたちの声が私の耳に入っています。そこに勝ち目があると思っています。JPモルガン・チェースに続きたいと思う組織は他にもあるでしょう。私はもっと多くの組織を助けたいのです。私はJPモルガンのために物事がうまく回るよう十分尽力しましたが、彼らのためにできることをやり切っていないと思います」。

ヴァレリーがJPモルガン・チェースに行ったプレゼンテーションは成功し、同社はエロリー・タレント・ストラテジーズのクライアント第1号となった。エロリーは彼女の出身地であるサウスカロライナの町にちなんで名付けたものだ。ヴァレリーはこうして独立を果たした。

彼女の戦略やアプローチは、明らかに彼女の経験に基づいている。つまり、データ＋協力的なリーダー＋チェンジエージェントの公式に当てはめている。彼女が、契約する相手をCEOに限定しているのは、CEOがプロジェクトのメンバーでなければ成果が乏しくなることを学んだからだ。例外はない。潜在的な市場を大幅に縮小することになるので、そこから給与を賄わなければならない今の彼女にとってはリスクでもある。

今のところそのリスクの影響はない。前述の通り、ヴァレリーは現在16人のCEOにサービスを提供している。彼女が短期契約限定で仕事を請け負っているのはダイモンのアドバイスがあったからだ。「入り込み、そして抜ける」というのが、エロリー・タレントを立ち上げるときにダイモンが彼女に送ったアドバイスだ。契約期間は最長16週間である。ヴァレリーは、エロリーがデータにアクセスすることで、数字を元に問題を示し解決策を提案しながら、クライアントがどこに焦点を当てるべきか伝えることができると主張する。クライアントが真に変革するまでにかかる時間を考えると、もう少し長い期間の契約を結ぶのがよいのかもしれない。しかし彼女は、クライアントの組織が自ら責任を持って関わることを望んでいる。そうでなければ、彼女がどんなに時間と労力をかけようと意味がない。

ヴァレリーはこう話した。「戦略の立案をサポートしてほしいというのなら喜んでお引き受けします。人材を指導してほしいという依頼も対応可能です。しかし、最初の取っ掛かりの段階で、CEOと一緒にデータを見なければなりません。そして、今あるチャンスに目を向けるためには、データに自由にアクセスできる権限を与えてもらわなければなりません」。

ヴァレリーはクライアントコミュニティに対する深い洞察力を持っている。彼女は多様な人材の登用を支援したいと正当に考えているリーダーたちを見てきたが、彼らが心の中で「行動している」と感じていてもデータには表れていない。つまり彼らは緑ではなく黄色に分類される。そこでヴァレリーの出番である。彼らが望む結果との乖離や現状を生み出している根本的な原因を認識できるよう、チェンジエージェントとして行動するのだ。

ヴァレリー側ではどのように事が展開してきたのか。ＪＰモルガン・チェースを退社した日に彼女がリンクトイン（LinkedIn）に投稿した発表は25万人に広まり、そして電話が鳴り始めた。今やヴァレリーは空きがないほど人気なので、仕事を引き受けてもらうには幸運を祈るしかない。本書の執筆時点で、彼女は７つの大企業と50万人以上の従業員を対象としたビッグデータ開示に関する契約を結んでおり、さらに多くの企業が同様の契約を望んでいる。彼女は今、数十人の上級エグゼクティブのコーチを務めている。そんな彼女の成功について、ジョージ・フロイド氏の殺害を受けアメリカの企業が「目覚めた」時期なのでタイミングが良かっただけだと思っているなら、それは違う。彼女はこの「もし」が「いつ」になることをすでに予測していて、２０２０年の夏より前に成功を収めていた。需要が高まり利益を得ているには違いないが、そのずっと前からこの分野のリーダーと位置づけられていたから成功したのだ。

現在彼女が講演や仕事で重視しているのは、企業の枠組みを「多様性と包括性」から「多様性と公平性と包括性」に広げるということだ。ヴァレリーは、多様性と包括性に注力することは重要だがそれだけでは不十分だと言う。「多様性と包括性に関するプログラムを策定したとしても、不公平な結果が改善されないことがあります。データを見たとき、リーダー層のうち黒人や中南米系の人が２％しかいないとしたら、それは不公平な結果です。

多様性や包括性のプログラムがあるからうまくいっていると考えるのは十分ではありません。あらゆる属性の人々を育成し登用していなければ、不公平な環境を生み出していることになります。このような状況になった主たる原因は、人々が不公平について理解できるようなかたちで米国の歴史を学んでこなかったことにあります。公平性を重視し、データを見ることによって、説明責任を果たせる指導者が生まれます」。

エロリーの初期のクライアントの1人の言葉が、Provocateurとしてのヴァレリーの役割を見事に言い表している。「これほどまでに事実に基づき、実行可能な提案は見たことがない。これをまとめられたのは、あなたが真実を語る人だからですね」。ヴァレリーは、人々の記憶に残るならこうでありたいと話す。「世の中には多様性やリーダーシップのコンサルタントはたくさんいます。私はインパクトを与える真実の語り手として名を残したいのです」。

結論

実用最小限の考察

私たちは任意の2つのデータをつなげば傾向線ができるという考えの下、本書『望む未来を創り出せ（Provoke）』も前著『ベストプラクティスを吹き飛ばせ（Detonate）』と同じように「実用最小限の考察」をいくつか述べて締めくくろうと考えた。ここに挙げるのは、編集で切り捨てられたのかもしれないアイデアや私たちが熟考し続けている見解であり、本編に盛り込む価値があるほどきちんと形になっていないものだ。これらのアイデアを共有することで読者間の対話を促したいというのが私たちの願いだ。対話によってアイデアは改善されるか、あるいは決して「いつ」にならない「もし」として葬り去られることになると思う。

楽しむことの重要性について

本書の執筆中に、編集者のティム・サリバンは「2人（そして物語に登場する多くの人々）が楽しんでいることがよくわかります」という見方を示した。なぜそれが注目すべきことなのか理由をたずねると、彼はこう答えた。「知的な遊びは重要です。遊ぶためのシナリオを書くのは本当に楽しいことですが、加えて大変なことだとも思います。グループ演習で可能性のある未来を想像するのはとても楽しいひとときです。ですが多くの場合、自分のことを真剣に考えすぎているのだと思います」。

彼は100%正しい。私たちは、今の世の中自分のことを真剣に考えすぎていて軽快さが足りないと考えている。ほとんどすべての組織、特に守るべき評判がある大規模な優良組織は、少なからず自分たちのことを真剣に考えすぎている。もちろん多くの人は（とても）重要な仕事をしている。しかし、重要な仕事はそれを楽しめない人が担うべきものだとか、どうやっても仕事をもっと楽しいものにすることはできないなどと規定した法律はない。私たち2人は幸運にも（ほとんどは）自分たちがやっていて楽しいと思える仕事と役割を見つけ、それ故にこの仕事を続けている。本書は全編、誰とも実際にお会いすることなく執筆したが、それでもとても楽しかった。

しかし、楽しむことが結果に影響するのか、一緒に楽しんでいるチームはより良い結果を生み出すのかという疑問が浮かんだ。私たちはこの点について研究しておらず、どこかで証明されているか広範囲にわたって調査して確認したわけでもないが、とにかく私たちはその答えに行きついていない。だが私たちは、楽しんでいるチームはより良い未来に向けてうまくProvokeしているという仮説を立てた。以下にその論理を示す。

楽しんでいるチームには、ほぼ必ず相互の信頼と尊敬が土台にあり、チーム内の個人は気軽にアイデアを共有している。つまり、完全に形になる前にアイデアを出し、他者にそれを基に付け足したり改善したりするよう積極的に求めている。楽しんでいないチームではまったく逆になる。もしお互いの不信感や嫌悪感が原因で楽しめていないのであれば、アイデアなどを共有しないのは単なる悪意かもしれない。もしその原因が互いに対する当惑や不安であれば、恥をかくことを恐れてチームメンバーは口をつぐんでいるのかもしれない。そして、単に会議の進め方が耐え難いから楽しめていないのだとしたら、共有できないのは何としてでもこのまま会議を終わらせようと必死になっていることと関わりがあるかもしれない。前述したように、現実世界の「データプール」をより幅広い目で見ることで組織の周辺視野は広がるものだ。もし人々が心を閉ざし、「致命的な欠陥」によって自然発生した目隠しに自ら進んで付けた目隠しを重ねたとしたらそれは不可能になる。楽しむことは自己増殖的な効果もある。自分とタイプが異なる人と楽しく過ごせば、より頻繁に自分とタイプが異なる人と触れ合う場面に身を投じるようになるかもしれない。

楽しむことは各人の主観によるというところに課題がある。ある人が楽しいと思うことは、別の人にとっては悪夢かもしれない。そして「非常に不快な」楽しみの最たるものは強制的な楽しみであることは間違いない。チームをまとめて士気を高揚させようとチアリーダーのように応援すれば良いわけではないし、いろいろな人と知り合うための交流活動を始めれば良いわけでもない。どちらも価値があるものだが目的が違う。楽しむというのは実際に楽しく仕事をすることである。

私たちは、さまざまな人たちが集まる集団の中で楽しむことを促すための確実かつ唯一の方法は、最初に議論できる状態にすることだと確信している。「我々には重要な仕事があり、それを楽しまなければ平均点を上回ることはない。どうすれば楽しくなると思う?」というような単純なトピックでも良い。少なくとも人々は、その質問によってほんの少し自分に価値を感じ、自分も関わっていると思える。わずかながらでも楽しいと感じたらその勢いに任せよう。そして「楽しさ度数」のアンケートだけはやらないこと。笑顔の数を数えるだけで良い。

文脈を無視してデータを見る

本書を執筆するためのリサーチ過程におけるスコット・E・ペイジとの会話は実に楽しいものだった。1時間の会議で話された単語の最多記録を樹立したかもしれないと思うほど、アイデアが飛び交っていた。スコットはあるやりとりの中で、多くの同僚とともにデータを理解する際に文脈が果たす役割について、つまり文脈を無視してデータを見ることに価値があるのかという考察について研究していると話した。スコットは特に予測の際にさまざまな要素が果たす役割について調べていた。データのみからの予測、データ周辺の文脈からの予測、限界的な変化（派生データなど）からの予測、質的変化の予測などである。彼の仮説は、限定的な効果を理解するスキルと、たとえば質的効果を理解するスキルは異なるというものだ。非常に興味深い研究であり、結果が出るのが待ち遠しい。

感度分析
基準値
上昇のシナリオは
指数関数的な成長で、
下降のシナリオは
世界の破滅です。
TOM FISHBURNE

　これを受け私たちは、文脈を無視してデータを見るという手法を別のところで応用できないかと考えた。何も出てこないようにみえるところから思わぬ行動をProvokeする仕組みとして活用したらどうだろう。たとえばあるブランドのシェアがどんどん下がっている場合、一般的には価格を下げる、ブランドの魅力を高める、機能を追加するなどの対応が取られる。その代わりに傾向を示すデータ系列を集めて「覆い」をかぶせてみたらどうだろう。無印のデータ一式をチームに示し、その後に起こりうるさまざまな結果を想像してもらい、その結果を出すためにはそれぞれ何を実現しなければならないのか考えてもらう。次にデータの覆いを外し、今度は文脈を示

して、実現しなければならないことをそれぞれどのようにして導き出すかという筋道を語ってもらう。あるいは組織内の多様な人々に関するデータを利用することについての議論を通じてヴァレリー・レインフォードに学んだことを活かし、意味のある介入をしない場合こうしたデータがどのように変わるか質問する。

この手法については自分たちで何度か試して機能するかどうか確認するつもりだ。工夫を凝らしたものになるかもしれない。あるいは参加してくれるチームにちょっとした小細工として取り組んでもらうかもしれない。

再帰性を認識する価値について

スティーブとジェフは長年、彼らの話に耳を傾けるすべてのクライアントに対して「優れた戦略とは選択することだ」と説いてきた。それは今も変わらないし、想像しうる限りにおいてはずっと変わらないだろう。しかし、選択することは当たり前のことに過ぎないという面が強くなっている。不確実な世界の中で優位性を生み出すものは何かという観点から見ると、今本当に重要なのは戦略的選択の再帰性を認識し（そしてそれを支える管理システムを構築し）、その再帰性を積極的に機能させる能力である。今できる一連の選択を来年の戦略立案のときまで棚上げし、その間実行することだけに集中できた時代は終わった。今日どんなリーダーであっても、大なり小なりさまざまなやり方で継続的に行動したり、外部指標や業務の実態が明らかになったときに軌道修正する、あるいは現在の方向性を確認したりする準備を整えておかなければならない。

この考え方は、詳しくは前著『ベストプラクティスを吹き飛ばせ』で述べたが、ジョン・シーリー・ブラウンが最初に私たちに教えてくれた「いじって直すこと」の価値と共鳴している。堅実な基礎の上に小さくとも継続的で的を定めた変化を積み重ねることが、最終的には今ある懸念の徹底的な見直しに勝る。常にすべての選択肢が検討されている動的な戦略という概念はあまりに高い目標である。代わりに再帰的な戦略においては、現行戦略の不変性を重視しながら予期せぬシグナルに対応するための調整に目を光らせる。重要なのは選択肢の変化の影響がシステムの他の部分にまでドミノのように波及することを認識し、計画することである。アジャイル能力は、結果として生じるドミノ倒しのパターンに関する先見性があってこそ価値がある。

システムの設計責任者としてのCEO

第4章で、リチャード・セイラーの造語である「能無しプリンシパル」問題を紹介した。組織のリーダーが望む成果とチームのメンバーが自分のキャリアアップのために何が最善か感知する方法との間には、しばしばズレがあるという考え方である。

おそらく、どのような組織においてもポジティブな変化を生み出す最良の方法は、個人のインセンティブと不確実性に直面しながらも繁栄するための組織のビジョンや一連の経営原理とを整合させることだろう。そして組織がどんどん複雑になるにつれ、CEOは組織内の動きと望ましい目標が矛盾しないようにするという職能を担うことになり、その独自性はますます高まる。CEOは自分たちの望んだことが実現しているかどうか確認するための十分な権限と権力を持つ唯一の存在なのだ。では、なぜ規模と焦点の位置には逆相関があるように見えるのだろうか。(改めて、非科学的ではあるが)一般的に、会社が大きくなり著名になればなるほど、CEOは外部に目を向け、会社の顔になる必要があると感じている。仮にまったく逆のやり方を薦めたらどうだろうか。もし成功すればするほどCEOが内向きになり、整合性を確保するためにこれまで以上に現行の管理システムの複雑な細部に注意を払うようになったらどうなるだろう。そうなると最高経営幹部として重視される職能が変わることすらあるかもしれない。このようなCEOが率いる組織において、目標を掲げるのは単に評判を高め株主を満足させるためだけではなく、集団内の人間としての経験を高めるためでもある。さらにはもう少し楽しむことにつながるかもしれない。

本書を読み、いくつかの点において、行動しないよりも大抵の場合は行動した方が良い、なぜなら行動することでより迅速で価値のあるフィードバックが得られるからだということを納得していただけただろう。また、トレンドや局面変化、そして他者の多様な見解などに対する体系的な盲点を生み出してしまう組織内の出来事を特定するのに役立つ概念をいくつか紹介できたと思う。あなたは本書で紹介したすべての方法でProvokeすることは現実的ではないと考えているかもしれないが、この先直面する何らかの状況において少なくとも1つはうまく機能することを私たちは願っている。予測可能なパターンを認識するだけで、行動しないという状態に陥ることがなくなるかもしれない。

また、デビー、ライアン、ヴァレリーのエピソードから、どこからでも、どんな視点からでも、そしてまったく異なるかたちでProvocateurたちが生まれる可能性があるという刺激を感じていただけたなら幸いだ。

ご意見をお聞かせいただきたい。『ベストプラクティスを吹き飛ばせ』と同様に対話のきっかけになればと思い、ツイッターで@steven_goldbachと@geofftuff宛にメッセージを募集している。何がうまく行き何がうまく行かなかったか、また、皆でもう少し掘り下げたいと思っていることなど、ぜひ共有いただければと思う。

責任者であろうとチームの新入りであろうと、あなたが外に出て「何かしよう!」と動き出すだけで、すべての人にとってより良い世界が開けるはずだ。私たちは心からそう信じている。

謝辞

本書の出版にあたり、何らかのかたちで想像以上に多くの人に関わっていただいた。私たちが前著『ベストプラクティスを吹き飛ばせ（Detonate）』を執筆しながら気づいたのは、さまざまな意見や視点、アイデアに対する反論など、たくさんのインプットがあってこそ本の出来栄えが良くなるということだ。それゆえ、より面白いものを創り出すために力を貸してくれたみなさんに感謝している。

まずは前著に引き続き本書の出版を実現してくれた人物、メーガン・スラムに謝意を伝えよう。私たちはメーガンを頼りにしていたとか、彼女は私たちを軌道に乗せてくれていたというのはまさしく〝控え目〟の定義を言葉で表したようなものだ。メーガンがいなければ本書『望む未来を創り出せ（Provoke）』が日の目を見ることはなかったと思う。少なくともこれほどうまく予定通りに進むことはなかったはずだ。多くのことが複雑に絡み合うこのご時世に、彼女は「いつもと変わらぬ」生活を続けながらこの仕事をやり遂げたというのがその成果のすばらしさをさらに際立たせている。

当社の優秀な研究スタッフであるマイク・アンダーソン、アアルシ・ウボウェジャ、シュルティ・クラーはアイデア構築の面で協力してくれた。本書ですばらしい事例の数々を紹介してきたが、多くはコンセプトが明確になるようにと彼らが世界中に目を光らせて集めてくれたものだ。彼らにチームズ（Teams）で質問を投げかけると、採り入れるべきさまざまな実例が即座に送られてきた。まるで魔法でも使ったかのような速さに私たちはいつも驚かされた。

本書で一緒に仕事ができればと最初にメールで依頼した漫画家から返信がなかったのは幸運だった！　ありがたいことに、分別あるメーガンがトム&タリー・フィッシュバーンに連絡を取ろうと提案してくれた。トムはまたしてもイラストで私たちのアイデアに命を吹き込み、何千の言葉よりも雄弁に読者に伝えてくれた（きっと読者も感謝しているはずだ！）。作業セッションは非常に楽しかった。私たち2人は、絵が描ければ思いつきのアイデアや観察したことをもっと上手く表せるのにと密かに思っている。

無駄な言葉を使わないという面ではティム・サリバンの編集の才能に感謝している。ティムは私たちの草稿に手を入れ、より短くパンチの効いた、まとまりがある文章に仕上げてくれた。私たちがどこへ行ってもティムの知人がいて彼は誰からも愛されているようなのだが、それも納得である。

デロイトの米国チーフデータサイエンティストであるジム・グッツァーザにも多大なる謝意を表したい。プロセス全体を通して、特に第3章と第4章で惜しみなく自身の時間と考察を共有してくれた。スコット・ペイジを紹介してくれたのはジムだ。スコットは親切にも私たちと一緒になって時間を割き、彼の仕事に関する私たちなりの解釈をまとめるのを手伝ってくれた。スコット、ブレインストーミングに付き合ってくれてありがとう。今後も重要な問題に関して協力していければ有難い。

本書で紹介したProvocateurたちへ。ポッシー財団の創設者であり米国のリーダーシップの新しいかたちを実現したデビー・ビエイル、Sixpitch、Generator、Aftercar、Elevatorなどの団体を創設し、アトランタベルトラインを支えつつその将来を見据えるライアン・グラベル、エロリー・タレント・ストラテジーズの創業者で、人材体系の多様性の分野で企業の先駆者かつ推進者として活躍するヴァレリー・レインフォード。みなさんのエピソードを世に広めることを承諾してくれてありがとう。みなさんについて、そしてそれぞれのすばらしいエピソードについてさらに詳しく知ることができたことを嬉しく思っている。

少数ながら本書の出版前に詳細なレビューをすると申し出てくれた人たちがいた。彼らのアドバイスや励ましはとても有難いものだった。ダン・ヘルフリッチの指導にも謝意を表する。彼の提言のおかげで本書の内容は引き締まり、より良いものになった。ジョナサン・グッドマンは、もっとうまくアイデアを結び付けられる部分を指摘してくれた。カット・ジワニは、全体を通してわかりやすくなるように数々の工夫を凝らしてくれた。リサ・イリフは絶えず私たちの仕事を支え、忍耐強く初期の草稿をまとめ上げてくれた。とりわけ非常に生産的な方法で困難な問題を提起した彼女の勇気に感謝している。みなさんどうもありがとう。ティム・タフとライダー・タフにもお礼を言おう。彼らはボランティアで原稿を整理してくれた。何とか一家の名を守ろうとする彼らの気持ちを理解するし、褒めてやりたい。

探求を進める課程で、思考を形にするのを助けてくれた友人や同僚からすばらしい意見を得られたことに感激した。チップ・ベルフ、アンバー・チョウドリー、トム・フェッツア、シェリー・ジェイコブスン、スティーブ・ジェニングス、ラルフ・ジュダー、クウェシ・ミッチェル、リッチ・ナンダ、フェーベ・ポート、マイケル・レイナー、ジム・ステンゲル、マックス・ヴァイセらが意見を寄せてくれた。

執筆中やそれ以外のときにも、気持ちが上向きになる励ましを送ってくれたジェイソン・ジルザダス、ステイシー・ジャニアク、アリシア・ローズ、ピート・シャイマー、そしてもちろんジャネット・フォッティとジョー・ウクゾグルらリーダーたちにも謝意を表する。私たちに創作の場を与えてくれたことに感謝している。

創作段階とは別に、私たちの本について確実に多くの人に知ってもらい楽しんでもらうためには幅広い協力が必要だということも学んだ。当社のマーケティング・PRチームのスザンヌ・カウンケル、キンバリー・マクニールダウンズ、カレン・ミクリック、ケリー・

ネルソン、そしてリサ・バーンズとマーク・フォーティアー、広く考えを伝えようとする私たちを支えてくれてありがとう。そしてとても柔軟に融通を効かせてくれたWileyの担当者、リチャード・ナラモアとビクトリア・アネッロにも感謝する。

ファリン・クレメンタインとコリーン・ルメイは、私たちが必要なときに顔を出すと（あるいは**Zoom**で顔を合わせると）、頭の中が整理されているか、執筆時間を確保しているか、非常に重要なことを処理するための時間を見つけているか確認してくれる。オンライン上ですらいつも笑顔の2人の忍耐とサポートに心から感謝している。

最後に、私たちが本書の全編を自宅で書き上げるのを我慢してくれたタフ家とゴールドバッシュ家の家族たちに感謝したい。私たちは2人とも（家族の1人によると）「手間がかかる」人間だということを自覚している。

ジェフより：マーサ、あなたのこと、そして私たちのことを知っている人なら誰もが知っているように、その忍耐力はまさに神々しさに近いものがある。ライダー、クィン、メイソン、ハンター、私が親としての役目を果たす必要がある人という存在から、だんだん私が一緒にいると楽しい人へと成長してくれているね、ありがとう。いつもそばにいてくれたからストレスを発散することができたよ！

スティーブより：ミシェル・ダンスタン、執筆するためのスペースが必要だと言ったとき理解を示してくれてありがとう。アマンダ・ポーリン、グレイソンのすばらしい先生であるだけでなく、このパンデミックの間、私が家にいるのを我慢してくれたことに感謝している。あなたがいてくれると、私たちの生活の少なくとも一部はいつもと変わらないと思えて安心した。そしてグレイソン・ダンスタン・ゴールドバッシュ、いつもアレクサとグーグルに「Provoke」は中国語で何と言うのか質問してくれたね、ありがとう。

www.marketwatch.com/story/netscape-ipo- ignited-the-boom-taught-some-hard-lessons-20058518550; Victor Luckerson, '"Crush Them': An Oral History of the Lawsuit That Upended Silicon Valley," The Ringer, May 18, 2018, https:// www.theringer.com/tech/2018/5/18/17362452/microsoft-antitrust-lawsuit-netscape-internet-explorer-20-years.

9-4. レイモンドの "The Cathedral and the Bazaar" は、以下のサイトで読むことができる。http://www.catb.org/~esr/writings/cathedral-bazaar/.

9-5. Jay Hofferman, "The Many Faces (And Names) of Mozilla," The History of the 'Web, February 6, 2017, https://thehistoryoftheweb.com/many-faces-names-mozilla/; 次も参照のこと。https://blog.mozilla.org/press/2005/10/firefox-surpasses-100-million-downloads/.

第 10 章

10-1. デビーがハーバードビジネススクールで行ったプレゼンテーションから引用した。

第 11 章

11-1. Bill Torpy, "The Beltline Guy, 20 Years after a Dam Good Term Paper," Atlanta Journal Constitution, December 9, 2019, https://www.ajc.com/news/localltorpy-large-the-beltline-guy-yearsafter-darn-good-term-paper/pcrMCbz69etezThihCVGjN/;Ryan Gravel, Where We Want to Live: Reclaiming Infrastructure for a New Generation of Cities (New York: St. Martin's Press, 2016).

11-2. 以下を参照のこと。https://beltline.org/the-project/project-goals/

11-3. "The Simple Ambition of Atlanta's Beltline Project," Bloomberg City Lab: https:/ /www.youtube.com/watch?v=s51L6R91pEA&t=387s.

11-4. Mark Pendergrast, City on the Verge: Atlanta and the Fight for America's Urban Future (New York: Basic Books, 2017); Torpy, "The Beltline Guy." You can read Ryan's thesis, "Belt line -Atlanta: Design of Infrastructure as a Reflection of Public Policy," at https://smartech.gatech.edu/handle/1853/7400.

11-5. 以下のサイトでベルトラインの可視化データを閲覧できる。https://garc.maps .arcgis.com/apps/webappviewer/index.html?id=af821350e3bc4f3abea0b9a3152a7ca1.

11-6. Claire Marshall, '"Two Simple Rules' Explain Sheepdog Behavior," BBC News, August 27, 2014, https://www.bbc.com/news/scienceenvironment-28936251.

第 12 章

12-1. ヴァレリーがクライアント向けに使った枠組みはすべての多様な人材を対象としているが、その背景から、スティーブは黒人人材と関連付けた。

8-8. "Persistence, Persistence, Persistence: Lessons in Device Innovation from Three Prolific Inventors," Interventional News, November 20, 2017, https://interventionalnews.com/persistence-device-innovation/.
8-9. 次を参照のこと。UNIVERSITY OF BRITISH COLUMBIA v CONOR MEDSYSTEMS, INC [2006] FCAFC 154, Federal Court of Australia, Full Court, 31 October 2006, https://pinpoint.cch.com. au/document/legauUio919065sl49155908/university-of-british-columbia-v-conor-medsystems-inc.
8-10. 次の企業情報を参照のこと。https://www.bctechnology.com/companies/Angiotech-Pharmaceuticals-Inc.cfm.
8-11. Adam Branderberger and Barry Nalebuff, "Inside Intel," Harvard Business Review, November-December 1996, https://hbr.org/1996/11/inside-intel.
8-12. Ian King, "Andy Grove, Valley Veteran Who Founded Intel, Dies at 79," Bloomberg, March 21,2016, https://www.bloomberg.com/news/articles/2016-03-22/andy-grove-taught-silicon-valley-how-to-do-business-dies-at-79.
8-13. Jan Vrins and Steve Mitnick, "Seven Women CEOs Look Forward," Public Utilities Fortnightly, September 2019.

第9章

9-1. ピッツバーグに関しては、以下を参照のこと。Simeon Alder, David Lagakos, and Lee Ohanian, "The Decline of the U.S. Rust Belt: A Macroeconomic Analysis," CQER Working Paper 14-05, August 2014, https://www.frbatlanta.org/-/media/Documents/cqer/publications/workingpapers/cqer_wp1405.pdf; David Friedan, "No Light at the End of the Tunnel," Los Angeles Times, June 16,2002, https://www.latimes.com/archives/la-xpm-2002-jun-16-op-friedman-story. html; Dan Bobkoff, "From Stell to Tech, Pittsburgh Transforms Itself," All Things Considered, NPR, December 16, 2010, https://www.npr.org/2010/12/16/131907405/from-steel-to- tech-pittsburgh-transforms-itself.
9-2. エコシステムの詳細に関しては、本章執筆にあたって著者が参考にした、以下の著作を参照のこと。Stuart Crainer, ed., Ecosystems, Inc.: Understanding, Harnessing, and Developing Organizational Ecosystems (London: Thinkers50, 2020).
9-3. Mozillaの歴史については、以下を参照のこと。Matt Blitz, "Later, Navigator: How Netscape Won and Then Lost the World Wide Web," Popular Mechanics, April 4, 2019, https://www.popularmechanics.com/culture/web/a27033147/netscape-navigator-history/; "Mosaic Browser - History of the NCSA Mosaic Internet Web Browser," The History of the Computer, https://history-computer. com/Internet/Conquering/Mosaic.html; Matthew Zook, The Geography of the Internet Industry: Venture Capital, Dot-coms, and Local Knowledge (New York: Wiley-Blackwell, 2005); John Shinal, "Netscape: The IPO that Launched at Era," Marketwatch, August 5, 2005, https://

School of Business Case No.SM284(2018).
7-3. Michael Grothaus, "A Rediscovered 1997 Video Reveals Why Jeff Bezos Chose Books and Not CDs to Be Amazon's First Product," Fast Company, November 3, 2019, https://www.fastcompany.com/90430303/a-rediscovered-1997-video-reveals-why-jeff-bezos-chose-books-and-not-cds-to-be-amazons-first-product.
7-4. ピカードの意識的選択について教えてくれた、同僚のジム・グシュツァに感謝する。次の文献も参照のこと。Raffi Khatchadourian, "We Know How You Feel," New Yorker, January 12, 2015, https://www.newyorker.com/magazine/2015/01/19/know-feel.
7-5. シェイクシャックについては、以下を参照のこと。Rob Brunner, "How Shake Shack Leads the Better Burger Revolution," Fast Company, June 22, 2015, https://www.fastcompany.com/3046753/shake-shack-leads-the-better-burger-revolution; Blue Ocean Team, "How Shake Shack Flipped the Burger Restaurant: A Case Study," https://www.blueocean-strategy.com/blog/how-shake-shack-flipped-burger-restaurant-case-study/.
7-6. Brunner, "How Shake Shack Leads."
7-7. Ibid.

第8章

8-1. ジム・ジョーンズとボビーは、ジョーンズが大幅な路線変更をしたことで袂を分かつことになった。
8-2. Burton W. Fulsom, "Billy Durant and the Founding of General Motors," Mackinac Center for Public Policy, https://www.mackinac.org/article.aspx?ID=651.
8-3. 典拠は次のとおり。Bill Loomis, "1900-1930: The Years of Driving Dangerously," Detroit News, April 26, 2015, https://www.detroitnews.com/story/news/local/michigan-history/2015/04/26/auto-traffic-history-detroit/26312107/.
8-4. "Durant, William C.," Encyclopedia of Detroit: https://detroithistorical.org/learn/encyclopedia-of-detroit/durant-william-c.
8-5. Yi Wen, "China's Rapid Rise: From Backward Agrarian Society to Industrial Powerhouse in Just 35 Years," St. Louis Fed Working Paper, April 12, 2016, https://www.stlouisfed.org/publications/regional-economist/april-2016/chinas-rapid-rise-from-backward-agrarian-society-to-industrial-powerhouse-in-just-35-years.
8-6. Echo Huang, "WeChat Is Setting a Blueprint for the World's Social Networks," Quartz, October 29, 2019, https://qz.com/1613489/how-wechat-put-the-intrnet-in-chinas-hands/.
8-7. Michael R. Wade and Jialu Shan, "The Red Envelope War," IMD Research and Knowledge, April 2016, https://www.imd.org/research-knowledge/articles/the-uneasy-truce-between-alibaba-and-tencent-is-over/; Josh Horwitz, "Over 8 Billion "Red Envelopes" Were Sent over WeChat during Chinese New Year," Quartz, February 9, 2016, https://qz.com/613384/over-8-billion-red-envelopes-were-sent-over-wechat-during-chinese-new-year/.

Canon?" Prologue Magazine 40, no. 2 (Summer 2008), https://www.archives.gov/publications/prologue/2008/summer/zacharias.html; "The Radar Warning that Went Unheeded," https://pearlharbor.org/warning-went-unheededl.

5-2. Kate Rooney, "Why Jack Dorsey and Other Major Tech Figures Are Suddenly Interested in Africa," CNBC, December 30, 2019, https://www.cnbc.com/2019/12/30/jack-dorsey-follows-techcompanies-investors-in-africa-interest.html.

5-3. Amanda Stutt, "The Race to Mine Outer Space," Mining.com, May 22, 2020, https://www.mining.com/the-global-race-to-mineouter-space/.

第 6 章

6-1. Matthew Teague, "Racing the Storm: The Story of the Mobile Bay Sailing Disaster," Smithsonian, July/August 2017, https://www.smithsonianmag.com/history/racing-storm-story-mobile-bay-sailing-disaster-180963686/.

6-2. 私たちのシナリオはデロイトHP上の「Future of Energy」(英語版のみ)にて閲覧可能。https://www2.deloitte.com/us/en/pages/consulting/articles/energy-scenarios-in-focus.html.

6-3. パリ協定は以下より閲覧可能。https://unfccc.int/process/conferences/pastconferences/paris-climate-change-conferencenovember-2015/paris-agreement.

第 7 章

7-1. ワービーパーカーに関するエピソードは、以下の複数の文献に基づいている。Ana Swanson, "Meet the Four-Eyed, Eight-Tentacled Monopoly That Is Making Your Glasses So Expensive," Forbes, September 10, 2014, https://www.forbes.com/sites/anaswanson/2014/09/10/meet-the-four-eyed-eight-tentacled-monopoly-that-is-making-your-glasses-soexpensive/#575d088e6b66; Steve Denning, "What's Behind Warby Parker's Success?" Forbes, March 23, 2016, https://www.forbes.com/sites/stevedenning/2016/03/23/whats-behind-warby-parkers-success/#e94d221411 ac; Katie Perry, "Warby Parker Cut Out the Middleman, Lowering the Price of Glasses Significantly, "Fox Business, December 20, 2019, https://www.foxbusiness.com/money/warby-parker-middleman-price-glasses-neil-blumenthal; Graham Winfrey, "The Mistake That Turned Warby Parker into an Overnight Legend," Inc., https://www.inc.com/magazine/201505/graham-winfrey/neil-blumenthal-icons-of-entrepreneurship.html; Jordan Crook, "Warby Parker, valued at $3 billion, raises $245 million in funding," TechCrunch, August 27, 2020, https://techcrunch.com/2020/08/27/warby-parker-valued-at-3-billion-raises-245-million-in-funding/.

7-2. Robert Burgelman, Robert Siegel, and Julie Makinen, "Zuora in 2017: Leading the Subscription Economy Revolution," Stanford Graduate

2-7. Malcolm Gladwell, The Tipping Point: How Little Things Can Make a Big Difference (New York: Little, Brown, 2000).
2-8. Patricia Cooper, "TRAI Consultation Paper on Roadmap to Promote Broadband Connectivity and Enhanced Broadband Speed," September 21, 2020, https://trai.gov.in/sites/default/files/SpaceX_10112020.pdf.

第3章

3-1. M. Ross and F. Sicoly, "Egocentric Biases in Availability and Attribution," Journal of Personality and Social Psychology 37, no. 3 (1979): 322-336.
3-2. R. B. Zajonc, "Feeling and Thinking: Preferences Need No Inferences," American Psychologist 35, no. 2 (1980): 151-175.
3-3. S. Eidelman and C. S. Crandall, "A Psychological Advantage for the Status Quo," in J. T. Jost, A. C. Kay, and H. Thorisdottir (Eds.), Social and Psychological Bases of Ideology and System Justification (New York: Oxford University Press, 1999), pp. 85-105.
3-4. Gerry Pallier, Rebecca Wilkinson, Vanessa Danthiir, Sabina Kleitman, Goran Knezevic, Lazar Stankov, and Richard D. Roberts, "The Role of Individual Differences in the Accuracy of Confidence Judgments," The Journal of General Psychology 129, no. 3 (2002): 257-299.
3-5. Luigi Mittone and Lucia Savadori, "The Scarcity Bias," Applied Psychology 58, no. 3 July 2009): 453-468.
3-6. Michael E. Porter and Nitin Nohria, "How CEOs Manage Time," Harvard Business Review, July 2018.

第4章

4-1. オペレーティングシステムを評価する方法に関しては、たとえばKantor Institute のウェブページを参照：https://www.kantorinstitute.com/instruments
4-2. 特に、スコット・ペイジ著『多様な意見はなぜ正しいのか：衆愚が集合知に変わるとき』(Princeton: Princeton University Press, 2007) を参照。ペイジのウェブサイトには氏の著書に関する多くの情報が記載されている。下記のサイトを参照：https://sites.lsa.umich.edu/scottepage/research-2/diversity-research/
4-3. Google, "Our Hiring Practice," https://careers.google.com/how-we-hire/

第5章

5-1. 以下の体験談は複数のソースからの引用："Why Was the Attack at Pearl Harbor Such a Surprise?" Baltimore Sun, December 1, 1991, https://www.baltimoresun.com/news/bs-xpm-1991-12-01-1991335028; Meg Jones, "Milwaukee's Billy Mitchell Predicted Pearl Harbor Attack," Milwaukee Journal Sentinel, December 6, 2006, https://www.jsonline.com/story/news/special reports/pearl harbor/2016/12/06/milwaukees-billy-mitchell-predicted-pearl-harbor-attack/916254427; David A. Pfeiffer, "Sage Prophet or Loose

注釈

第 1 章

1-1. Christopher McFadden, "The Fascinating History of Netflix," Interesting Engineering, July 4, 2020, https://interestingengineering.com/the-fascinating-history-of-netflix.

1-2. Arnold Zwicky, "Just between Dr. Language and I," Language Log, August 7, 2005, http://itre.cis.upenn.edu/~myl/languagelog/archives/002386.html.

1-3.「勝者総取り」経済の詳細については、Roger Martin, When More Is Not Better (Boston: Harvard Business Review Press, 2020) を参照。

第 2 章

2-1. Ray Rivera, "Summerville Police Department Hands Out Roll of Toilet Paper Instead of Tickets," Live 5, WCSC, March 19, 2020, https://www.live5news.com/2020/03/20/summerville-police-department-handing-out-toilet-paper-instead-tickets/.

2-2. 消費者の習慣については、A. G. Lafley and Roger L. Martin, "Customer Loyalty Is Overrated: A Theory of Cumulative Advantage," Harvard Business Review, January-February 2017 を参照。

2-3. Brittany Frater, "It Took a Pandemic, but the US Is Finally Discovering the Bidet's Brilliance," The Guardian, April 14, 2020, https://www.theguardian.com/us-news/2020/apr/14/us-bidet-toilet-paper-sales-coronavirus; Maria Teresa Hart, "The Bidet's Revival," The Atlantic, March 18, 2018, https://www.theatlantic.com/technology/archive/2018/03/the-bidets-revival/555770/; Lisa Boone, "Bidet Sales Spike as Consumers Panic Buy Toilet Paper," LA Times, March 16, 2020, https://www.latimes.com/lifestyle/story/2020-03-16/bidet-sales-spike-as-consumers-panic-buy-toilet-paper.

2-4.「バランスド・ブレークスルー・モデル」の詳しい情報については、https:// www.ideatovalue.com/inno/nickskillicorn/2019/01/what-are-the-three-things-every-idea-needs-to-be-successful-the-balanced-breakthrough-model/ の "What are the three things every idea needs to be successful?" を参照。

2-5. "Learn the Knowledge of London," Transport for London, https://tfl.gov.uk/info-for/taxis-and-private-hire/licensing/learn-the-knowledge-of-london.

2-6. 電子書籍リーダーについては、Ethan Bronner, "Textbooks Shifting from Printed Page to Screen," New York Times, December 1, 1998, https://archive.nytimes.com/www.nytimes.com./library/tech/98/12/biztech/articles/01school-etex.html; Anonymous, "E-Book Timeline," The Guardian, January 3, 2002, https://www.theguardian.com/books/2002/jan/03/ebooks.technology; "Ebooks," Statista, https://www.statista.com/outlook/213/102/ebooks/europe; Andrew Perrin, "One-in-Five Americans Now Listen to Audiobooks," September 25, 2019, https://www.pewresearch.org/fact-tank/2019/09/25/one-in-five-americans-now-listen-to-audiobooks を参照。

著者紹介

ジェフ・タフ（Geoff Tuff）

デロイト・コンサルティングのプリンシパルで、サステナビリティー、イノベーション、戦略プラクティスの分野で多様なリーダー的任務を担っている。過去には同社のイノベーションプラクティスを専門とするチームであるDoblin（ドブリン）を率いたほか、デロイトによるモニター・グループ買収前は同社の上級パートナー兼世界全体の取締役会のメンバーも務めた。30年近くモニター・グループの出自となる企業に在籍している。

業務の中心は、クライアントが事業を変革し、非伝統的な方法で成長し競争優位性を構築するための支援に関することである。キャリアを通じてほぼどの業界にもコンサルタント業務を提供してきた。その幅広い経験を生かし、業界の常識にとらわれない斬新な洞察力で、顧客企業の経営に貢献している。

ジェフは、問題を解決するための統合的なアプローチで評価されている。深い分析力と戦略的な専門知識を持ち、デザイン思考を体現するアプローチに定評がある。イノベーションを通じた成長に関して活発な講演や執筆を行い、『ハーバード・ビジネス・レビュー（Harvard Business Review）』などさまざまな刊行物に寄稿している。ダートマス大学とハーバード・ビジネス・スクールで学位を取得。

スティーブン・ゴールドバッシュ（Steven Goldbach）

モニター デロイトのプリンシパル兼Deloitte USの最高戦略責任者（CSO）。デロイト入社前はモニター・グループのパートナーで、ニューヨーク・オフィスの統括者やフォーブス社（Forbes）の戦略担当責任者を務めた。

スティーブは、不確実性に直面した際に厳しくかつ現実的な戦略的選択を行うことで、幹部やそのチームが組織を変革するのを支援する。長年の間にモニター・デロイトが開発し、活用した多様な戦略手法を構築したのみならず、その実践のエキスパート兼講師でもある。大規模な変革に直面しているクライアントや業界を中心にコンサルティング業務を提供し、企業が自らの未来を創造するために厳格さと創造性を融合させるのを支援する。

カナダのキングストンにあるクイーンズ大学およびコロンビア・ビジネス・スクールで学位を取得。

2018年に刊行されたジェフとスティーブの著書『ベストプラクティスを吹き飛ばせ』は全米でベストセラーとなり、2人は2019年の経営思想家ランキング「50人の思想家・戦略部門功労賞（Thinkers 50 Distinguished Achievement Award in Strategy）」の候補者に選ばれた。

訳者紹介

藤井 剛 (Takeshi Fujii)

モニター デロイト　ジャパンリーダー
パートナー

電気、通信、ハイテク、自動車、保険、不動産、消費財、ヘルスケアなど幅広い業種において、経営／事業戦略、イノベーション戦略、デジタル戦略、組織改革などの戦略コンサルティングに従事。社会課題解決と競争戦略を融合した経営モデル（CSV）への企業変革に長年取り組む。著書に『CSV時代のイノベーション戦略』（ファーストプレス）、共著に『SDGsが問いかける経営の未来』（日本経済新聞出版社）、翻訳著に『Detonate:ベストプラクティスを吹き飛ばせ』（ファーストプレス）など多数。

増井 慶太 (Keita Masui)

モニター デロイト
パートナー

ライフサイエンス及びヘルスケア産業におけるコンサルティングに従事。“イノベーション”をキーワードに、ビジョン策定、全社成長戦略、事業ポートフォリオマネジメント、新規事業開発、機能部戦略（研究開発・製造・営業・マーケティング）、M&A、ライセンシング、など、バリューチェーンを通貫して戦略立案から実行支援まで携わる。東京大学教養学部基礎科学科卒業。

井上 発人 (Hatsuto Inoue)

モニター デロイト
シニアマネジャー

モニターデロイトのイノベーション戦略プラクティスをリード。モビリティ、通信、保険、消費財、ヘルスケアなど、幅広い業界において、次世代の事業の柱の創出を目的に、イノベーション戦略立案（Visioning）、大企業発の新規事業創出支援（Business Produce）、中長期の成長・投資戦略策定に主に従事。モニター デロイトのイノベーションデザイン専門部隊であるDoblinの日本におけるサービス展開にも従事。共著に『パワー・オブ・トラスト』（ダイヤモンド社）など。

望む未来を創り出せ

2023年1月19日 第1刷発行

◉著　者 ジェフ・タフ+スティーブン・ゴールドバッシュ
◉訳　者 藤井 剛+増井 慶太+井上 発人
◉発行者 上坂 伸一
◉発行所 株式会社ファーストプレス
〒105-0003　東京都港区西新橋1-2-9 14F
電話 03-6433-5378（代表）
http://www.firstpress.co.jp

装丁・DTP　株式会社オーウィン
印刷・製本　ベクトル印刷株式会社

ISBN 978-4-86648-020-6